从零开始学
销售
沟通与谈判

李煜萍 —————— 著

CONG LING KAISHI XUE
XIAOSHOU
GOUTONG YU TANPAN

中国铁道出版社有限公司
CHINA RAILWAY PUBLISHING HOUSE CO., LTD.

图书在版编目（CIP）数据

从零开始学销售沟通与谈判/李煜萍著. —北京：中国铁道
出版社，2020.10
ISBN 978-7-113-22802-6

Ⅰ.①从… Ⅱ.①李… Ⅲ.①销售-基本知识 Ⅳ.①F713.3

中国版本图书馆CIP数据核字（2017）第020174号

书　　名：从零开始学销售沟通与谈判
作　　者：李煜萍

责任编辑：吕　芰　　　读者热线：(010)63560056　　　邮箱：181729035@qq.com
封面设计：宿　萌
责任校对：王　杰
责任印制：赵星辰

出版发行：中国铁道出版社有限公司（100054，北京市西城区右安门西街8号）
印　　刷：三河市宏盛印务有限公司
版　　次：2020年10月第1版　2020年10月第1次印刷
开　　本：700 mm×1 000 mm 1/16　印张：18　字数：231千
书　　号：ISBN 978-7-113-22802-6
定　　价：55.00元

有人说，销售工作人人能干，不就是耍嘴皮子的事情嘛！其实不然，销售有很多学问，不经学习就直接销售的人可能要摸索很多年才能做到得心应手。

销售技能不是一蹴而就的。销售员应该从学习沟通开始，训练自己的口才，知道如何和客户打招呼、寒暄，以及引导客户购买产品。此外，还要进行端正自身心态和把握客户心态的练习。销售员还要学习心理学，这在销售的过程中十分有用。

谈判中，遇到各种异议和僵局，销售员要勇于"破冰"，活用各种方法，重新打开销售局面。成交以后，销售员要友好地与客户告别，感谢客户的配合，叮嘱客户常联系，表达以后想继续合作的愿望。

小细节决定大成败。以前的销售大师都是从基层做起，一点一滴地积累经验。他们经历的失败无法计算，而我们有幸可以吸收他们大量的经验。

此外，销售行业最重品德。有些人认为，销售员只要口才好就够了。这就大错特错了。如果销售员只掌握了各种销售技巧而忽略了品德修养，销售成功也不过是"一锤子买卖"，最后的结果是得不偿失的。本书会告诉您，诚信、尊重才是销售的重中之重。销售员要有宽阔的胸襟，学会包容尊重；常站在客户的立场上真诚帮助客户，才会取得好的销售成绩。

本书共有十章，每章又包括销售箴言、情境再现、情境分析、销售心经和销售精英小贴士五个部分。书中既有大量的鲜活案例，又有总结的前人经验，详细说明了销售沟通与谈判中可能遇见的各种问题，为销售员和客户顺利沟通增添助力。

第一章至第四章为基础篇，主要论述沟通之道。从沟通态度、沟通口才、客户心理和沟通礼仪四方面入手，讲述每个沟通步骤需要注意的一些事项。

第五章至第十章为实战篇，主要论述谈判之道。不管是沟通还是谈判，都是成功销售的重要环节，两者同等重要。本篇主要从谈判开局、摆明条件、排除异议、应对僵持、破局成交和快速签单六个方面讲述了在销售过程中如何具体运用谈判技巧来达成销售的目的。同样引用了大量案例和对案例的总结及销售技巧的说明，让销售员能够在谈判前预见可能出现的一些情况，并想到应对之策。

在成书的过程中，虽然力求把销售方方面面写得更加精确完整，但销售行业本身千变万化，很多销售技巧也在不断更新，想要编一本销售行业的"本草纲目"还需要更加努力。希望这本书可以给读者带来有帮助的阅读体验，祝愿大家工作顺利，身体健康！

李煜萍

基 础 篇

实　战　篇 //113

基础篇

沟通态度：说客户想听的，
听客户想说的

　　态度往往决定结果。所以，要想做好销售沟通与谈判，销售员首先要有正确的态度，以客户为中心，说客户想听的，听客户想说的，真正为客户着想。只有这样，才能挖掘出客户的真正需求，把握住客户的关注点和利益点，赢得客户的信任，为最终完成交易打好坚实的基础。

获得客户信任，沟通更畅通

销售箴言

客户对销售员的信任是沟通顺畅的前提。

在沟通时，销售员要始终把客户对自己的信任放在第一位。只有客户对销售员充分信任，他们才会说出自己的真实想法，才愿意进行深入的交流，最终购买产品，否则即使销售员说得天花乱坠，产品质量再好、价格再便宜也没用。因此，销售员要先获得客户的信任，然后再进行深入沟通，售卖产品。

情境再现

段洁在一家大型电器连锁卖场工作，每次推销时，她的做法是先获得客户的信任，然后再谈产品销售。因此，她的销售业绩一直不错。

段洁："大姐，我看您是真心要买这个热水器，但我还是建议您考虑一下，其实这个热水器还有个缺点。"

客户："缺点？"

段洁："这个热水器用着是不错，但是如果关掉这个'花洒10分钟'的功能，主机就会自动熄火，要想继续使用，就得重新点火。"

客户："哦，呵呵，那这个热水器应该很节能吧？"

段洁："大姐，您还真是内行啊，这就是一个安全节能装置。我怕您嫌麻烦，所以才实话实说。这个热水器的其他设计也都比较受大家的欢迎，但有一点，就是很多人都不理解这个小节能的安全设计，还是您比较明白。"

客户："呵呵，还是安全点好，这个只要自己控制好就成，有些人可能是不理解……"

段洁："是啊，我这人性格比较直，有什么事都想和您说明白。您要是不知道这一点，回去用着不习惯，再调换的话就比较麻烦了。把问题说明白了大家都放心，您说对吧？"

客户："你这小姑娘还真直爽。"

段洁："谢谢大姐夸奖。请问您还有别的问题吗？"

客户："没了，我就买这台吧。"

段洁："大姐眼光真好！"

情境分析

在上面这个销售案例中，段洁做得非常好，她能够站在客户的角度想问题，主动将产品的"不足"告知对方，以此获得了对方的信任。也正是因为客户对段洁产生了信任，所以她才愿意与段洁进行深入交流，探讨热水器的"安全节能"问题，最终购买产品。

销售心经

获得客户信任的重要性大家都知道。但是，如何才能做到这一点呢？

1. 要设身处地为客户着想

在沟通过程中，销售员如果能设身处地地为客户着想，提出切实可行的方案，就一定能获得客户的信任。

比如白酒销售。客户往往会对酒的质量、真假产生怀疑，这时销售员就应该站在一个专业人士的角度，告诉客户鉴别酒的品质和真假的简易科学方法。当客户觉得销售员是从自己的立场出发、为自己的利益着想时，自然会对销售员产生信任感。

2. 给客户的承诺要真实可信

在销售沟通过程中，销售员有的时候会对客户做出承诺，以获得客户的信任。这种承诺一定要有可操作性和实践性，也就是要符合事实，确保最终能够实现。这样才能真正赢得客户的信任。需要注意的是，销售员不要随意做承诺。有的销售员仅仅为了达成一单交易就给客户随意许下承诺，这是一种急功近利、缺乏远见的行为。这样很容易在以后引起纠纷，对销售工作产生负面影响。

？销售精英小贴士

没有人愿意与自己不信任的销售员打交道，更不会去购买他的产品。信任就像沟通过程中的润滑剂，能减少误会和阻碍，使销售过程更加顺利。

提升亲和力，让客户感到舒服

销售箴言

亲和力强的销售员，能让客户在沟通过程中如坐春风。

　　什么是亲和力呢？亲和力指的是一种使人亲近并愿意接受的力量。在销售中，亲和力指的是让客户对销售员有紧密感、亲切感、信任感，喜欢和销售员互动，关注销售员的一举一动，愿意接受销售员的思想观点。在销售沟通的过程中，如果销售员亲和力比较高，会让客户有一种如坐春风的感觉，成交也会更加容易。

情境再现

　　张鸣是一家保险公司的销售员。这天，他来拜访一位客户，这个客户是一家大公司的老总，姓杨。见面时，张鸣衣着得体，信心十足地来到杨总面前。

　　张鸣："杨总，您好，我是××公司的张鸣，非常感谢您抽出时间来见我。"

　　客户："客气了。"

　　张鸣："以前我也来过咱们公司，现在一看变化真大，公司在杨总的领导下，发展得真是突飞猛进、令人钦佩啊！我了解到咱们公司是人性化管理，杨总对自己的员工可谓疼爱有加，难怪员工们对您也十分爱戴，贵公司的氛围真是好。"

　　客户："过奖过奖，我认为，尊重员工才能激发他们的想象力和创造力，从而让他们成长为公司的中坚力量。"

　　张鸣："杨总，您简单的几句话就表现出您经营公司的独特理念，真是高瞻远瞩啊！您对员工如此爱护，想必也为他们提供了不少福利待遇吧。正好，对于福利待遇，我这里可以为您提供一种更为完善的方案。"

客户："更为完善的方案？"

张鸣："对，我们推出了一种 ×× 保险产品……"

张鸣顺理成章地向杨总介绍了自己的保险业务，通过前面的亲切交谈，杨总最后接受了他的建议。

......

情境分析

在上面的销售案例中，张鸣通过亲和力很高的交谈，从公司的企业文化入手，引起客户共鸣，再慢慢导入自己公司的保险产品。在整个沟通的过程中，张鸣的语气热情，产品插入不突兀，让人感觉很舒服。在销售中，亲和力是个很重要的因素。如果销售员的语言充满热情和亲和力，那将是一个很大的优势。销售的目的是把产品卖出去，但销售的过程不仅局限于产品的谈论，还在于传递给客户一种友好的情感。

销售心经

既然亲和力如此重要，那么销售员要怎样才能提高亲和力呢？

1. 说话的语言要含蓄，语气要委婉

如果在销售中直白地向客户兜售产品，势必会引起客户反感，大多数客户还是比较喜欢自由自主的购买过程，对强行销售唯恐避之不及。再者，如果销售员的语言尖酸刻薄，客户自然会远离；如果销售员语气委婉，能像太阳一样给别人送去温暖，客户自然会被销售员吸引。

2. 结尾适当地使用一些语气词

如在一句话的结尾加上"吗、吧、啊、嘛"等词，就会使销售员的语气带有一种商量的口吻，不那么生硬。销售员的亲和力也就提高了。

3. 给客户提供其他选择

如果客户提出的要求销售员无法达到，不要直接说不，可以为客户提一些新的建议。如客户问："我们这周二洽谈一下怎么样？"销售员可以说："这周五应该也不错。"

4. 多说"请"和"谢谢"

"请"和"谢谢"是与客户建立融洽关系及提高客户忠诚度的有力言辞，这些话说起来不仅方便简单，而且很容易愉悦客户的心。

❓ 销售精英小贴士

销售员想要推销成功，首先要让客户乐于接近自己，如果客户对销售员置之不理，后面的销售也就无法进行了。提高自身亲和力，用语言的力量让客户感受到温暖和关怀，那么后面的销售工作也就容易多了。

投其所好，抓住客户的兴趣爱好

🕴 销售箴言

抓住了客户的爱好，就抓住了与客户产生共鸣的机会。

在人与人的沟通过程中，听得多还是说得多，有无话题可聊，怎样能多聊，其实有一个很重要的决定因素，那就是爱好。如果说话的内容是客户感兴趣的、爱好的东西，那么双方就有可能迸发出热情。友好地交谈下去，从而了解对方、了解产品，便可以更好地进行沟通和交易。并且，抓住客户的兴趣爱好，还能更好地表达自己的关心、尊重，从而也赢得对方的尊重。

情境再现

案例一

客户："你好！请问是方圆科技有限公司吗？"

销售员："你好！这里是方圆科技有限公司，请问有什么需要帮助的吗？"

客户："我想咨询一下你们的笔记本电脑。是这样，最近我看到你们有一款超薄机型，我对它挺感兴趣的，希望你能帮忙介绍一下。"

销售员："谢谢您能打电话过来！请问怎么称呼？"

客户："我姓乔。"

销售员："乔先生，您好！您看上的机型是什么呢？"

客户："型号我没有记住，具体配置也不太清楚。"

销售员："乔先生，您以前是否一直在使用笔记本电脑呢？"

客户："没有，以前只有一台台式机，现在想换一台笔记本电脑，这样方便携带。"

销售员："看来您经常移动办公。可否问一下，您是做什么工作的呢？"

客户："我是搞写作的，有时候需要去外地转转，激发一下灵感。"

销售员："您是位作家，那太好了。我对作家非常尊敬，我平时也喜欢写一些东西，但有一种情况很让人恼火，就是在写的过程中电脑出现问题，导致文档丢失。遇到这种状况，砸电脑的心都有了。"

客户："是呀！书稿就是我们的命根子，如果数据丢失的话，原先写的东西瞬间就没了，可能几个月的成果就前功尽弃了。"

销售员："除了数据安全之外，您对电脑还有什么特别要求吗？"

客户："嗯，如果带有一定的娱乐功能，那就更好了。有时候，写作累的时候可以放松一下。"

销售员："根据您的情况我推荐一款机子，一周前刚上市，也是超薄机型。它是13.3英寸宽屏显示，重量不足2公斤，待机时间达到10小时，非常适合外出携带。另外，它有独立显卡和固态硬盘，并具备一键恢复功能。当您的系统遭受病毒侵害时，只要轻轻一点，就能很快让系统恢复正常，防止文件丢失。"

客户："价格是多少？"

销售员："6 980元。"

客户："价格有点儿贵。"

销售员："价格是贵了一点，可它是最新的产品，拥有最好的配置。现在电脑产品更新换代这么快，您如果买一台低配置的机子，用不了多久就得再更换，岂不是成本更高？"

客户："这款机子还能不能再便宜点？"

销售员："乔先生，说实话，这款机子是全国统一价，真的没办法再降价了，不过我可以通过我们更加优质的售后服务，进一步提高这款机子的性价比，这样您买得放心，用得称心。如果您现在订货的话，我们还可以免费赠送一个电脑包和一套软件。"

客户："那好吧，给我订一台吧。"

案例二

销售员李阳想给××大学的客座教授张老介绍一款保险产品，于是约好两人碰个面。

见面后，张老细致地阐述了他目前的保险安排和为了适应环境变化所作的调整计划，就李阳的保险产品问了很多技术性问题。李阳觉得，张老问的这些问题都太不常用了，也许他的目的并不是想知道答案，而是考查他的知识。于是，李阳屡次想把他们的谈话引入保险方面，而张老觉得，李阳并没有拿出完善的保险方案，总是规避一些问题。

气氛一再僵硬，李阳对这次面谈已经不抱什么希望了，于是他准备告辞。这时张老接了一个电话，有人咨询张老下学期要开的一门关于树袋熊的课程是什么时间。李阳也十分喜欢树袋熊，在电话结束后，他向张老请教这种大洋洲的小动物的生活习性。

张老："你也知道树袋熊？"

李阳："是的，树袋熊实在太可爱了，以前有它们的报道我就会看，我非常喜欢它们。"

张老是一位树袋熊专家，对树袋熊十分热爱，两个人就树袋熊讨论了起来，后来，张老对李阳的态度发生了彻底改变，他觉得李阳是个很有爱心的小伙子，并不像他想的那么差。

最后，李阳收获了张老的一张保单。

···

情境分析

在第一个案例中，销售员通过有效的提问，了解到客户的工作性质并抓住了客户的需求点——携带方便、害怕文档丢失，最后投其所好，帮客户选择了最合适的产品。在第二个案例中，当李阳和张老之间的面谈陷入僵局的时候，因为一个电话，李阳找到了双方共同的爱好——树袋熊，通过向张老虚心请教，僵局终于打开，双方建立了信任，最后销售成功。

销售心经

销售员如果能够对客户投其所好，在沟通中就会容易获得对方的好感，通过好感建立起基本的信任，销售的过程就开始变得简单起来。那么，如何抓住客户的兴趣爱好呢？

（1）了解客户的工作，如客户在工作上曾经取得的成就或将来的美好愿景等。

（2）了解客户的主要爱好，如体育运动、饮食爱好、娱乐休闲方式等。

（3）和客户谈论时事新闻、体育报道等，如每天早上迅速浏览一遍报纸，与客户沟通时首先把刚刚通过报纸了解到的重大新闻拿来与客户谈论。

（4）和客户谈论关于孩子的情况，如孩子的教育等。

（5）和客户一起怀旧，比如提起客户的故乡或者最令其回味的往事等。

（6）和客户谈论身体情况，比如如何保养、美容、养生等。

销售精英小贴士

要想得到客户的重视，销售员就应先重视对方，了解对方的一些兴趣爱好。如果客户觉得销售员和他有共同语言，是同一类人，那么他就会认同、喜欢销售员，后面的销售工作也就比较好做了。

把产品优点转化成客户的利益

销售箴言

客户购买的永远不是产品，而是产品带来的利益。

产品要想有说服力，让更多的客户认同和购买，就必须要有其特点、优点。在沟通与谈判的时候，销售员要了解自己的产品优点，知道这些优点可以为客户带来哪些利益。其实客户买的永远不是产品，而是产品背后所能够带来的利润和好处。在沟通过程中，销售员一定要告诉客户，产品对他个人及生活都有哪些好处。

情境再现

案例一

吴丽在一家电子公司做销售员，这家公司主要销售音响设备、蓝牙耳机及智能音响、iPad、MP3之类的电子音效产品。几年间，吴丽的销售业绩一直不错，可是最近却一筹莫展。原来公司因为重组，希望能把积压的MP3尽快处理掉。现在市面上iPad更加受欢迎，MP3几乎已经快被淘汰了，这件事情让吴丽犯了愁。

吴丽仔细研究MP3的说明书，她发现这些产品最大的弊端就是功能性相对较弱，但是性能很好、音质完美而且质量有保障，她准备以这个为突破口推销。

推销的第一个客户是一位妈妈，她表示自己的孩子正准备迎接高考，想要购买方便孩子上下学的时候听英语的音效产品。

吴丽："孩子的高考可是能影响其一生的转折点啊！所以，一定不能马虎。我向您推荐这款 MP3……"

客户："什么？MP3？现在谁还在用 MP3 啊？我打算为孩子买一部 iPad，这样孩子可以听英语，学习累了的时候还可以看看电影，解解乏。难道你不觉得 MP3 的功能特别少吗？"

吴丽不急不躁，接着说："如果孩子把时间浪费在用 iPad 看电影上，难道不会对学习产生影响吗？"

客户："这倒也是！"

吴丽："对啊！刚才我们也说了，孩子的高考特别重要，每一环节都不能松懈啊！而且，功能多不代表每项功能的质量都过硬，听英语对音质的要求非常大，我向您保证这款 MP3 的音质非常好，而且耗电量也非常小。"

客户："真的吗？有的时候你们销售员的话不能全信啊！"

吴丽："您放心，有问题尽管来找我！先祝您家孩子高考顺利！"

最后吴丽推销成功，客户选择了 MP3。

案例二

一位衣着讲究的客户来到李明所属房地产公司的展位前，手里拿着很多楼盘的资料，很显然这位客户是来买房的，而且已经看过不少楼盘了。

李明："您好，我是销售员李明，请问您需要帮助吗？"

客户："哦，你好！你能给我介绍一下你们公司的楼盘吗？"

李明："好的，很高兴为您服务。"

李明介绍完楼盘之后，客户发问了。

客户："你们这个楼盘的地段不错，但是我最近看另一个公司和你们的地段差不多，我还得再好好比较一下。"

李明："当然，这样吧，您所说的那个地段的房子我也比较了解，那我将这两个楼盘之间差异在哪跟您说下吧。"

客户："好啊，太感谢了！"

李明："首先，您看下附近交通条件。您看，我们这个楼盘离地铁口和公交车站都很近，而且这附近有三家大型超市、一家综合商场，到时候您购物会非常方便。而那个地段还没有形成这样的商业环境，相信您已经看到了。"

客户："嗯，这点我了解了。"

李明："其次，虽然我们在装修精度上不如其他楼盘，但我们的价格相对低些。这等于为您节省了一笔不小的开支呢，如果您想要按照自己喜欢的样式对房子进行装修，这笔钱也足够用了，甚至还能为您多添置几件精美的家具。"

客户："嗯，的确是，并且我也想按照自己喜欢的风格装修，我已经想好该怎么设计了。"

李明："能看得出来，您是一个有品位的人。最后，与其他楼盘同等面积的房子相比，我们房间的布局简单实用，空间利用率也高。此外，我们在卧室中还特别设计了安放书桌或电脑桌的位置，这是其他楼盘所不具备的。"

客户："听起来还挺适合我的。"

李明："那可太好了，现在买房我们这里还有优惠活动，我再详细给您介绍介绍好吗？"

客户："好的，那麻烦你了。"

最后，客户从李明这里买了房子。

情境分析

案例一中，吴丽通过了解产品，挖掘出产品的优点，在销售的时候把这些优点转化为客户的利益，最终销售成功，是一个经典的销售案例。如果销售员对客户的利益视而不见，他们也会选择漠视销售员及产品；相反，如果抓住了客户的利益，客户就会觉得销售员和产品都十分可靠。

案例二中，李明为客户介绍了自己楼盘和附近楼盘的差异，从交通购物的便利、空间的高利用率，以及价格等方面阐述了自己楼盘的优点，甚至连装修程度上不如其他楼盘的缺点都转化成客户的利益，最后销售成功。一个好的销售员不仅要能够挖掘产品的利益，更要能够判断不同种类的人所想要得到的利益。当客户听到和自己息息相关，是自己想要得到的利益的时候，就可能为产品还有销售员的言辞而心动。

销售心经

既然把产品优点转化成客户利益就容易打动客户，那么销售员应该如何做呢？

1. 了解客户想要获得些什么

客户常常想获得健康、时间、金钱、安全感、赞赏、舒适、青春与美丽、成就感、自信心、成长与进步、长寿等。

2. 了解客户希望成为什么

客户常常希望成为好的父母、易亲近的、好客的、现代的、有创意的、拥有财产的、对他人有影响力的、有效率的、被认同的人。

3. 了解客户希望做什么

客户会常常希望表达他们的人格特质、保有私人领域、满足好奇心、欣赏美好的人或事物、获得他人的情感、不断地改善与进步。

4．了解客户希望拥有什么

客户希望拥有别人有的东西、别人没有的东西、比别人更好的东西。如果抓住了这些心理，就能够挠到客户的"痒处"，让他们购买产品。

销售精英小贴士

销售的最大秘诀就是销售员推销的不是产品，而是产品带给客户的利益。销售员要像了解自己一样热爱自己的产品，了解自己的产品，发掘产品的优点，并且愿意把产品分享给客户，把产品的优点转化成客户的利益，这样销售之路会顺畅很多。

倾听，探寻客户的真正需求

销售箴言

会倾听，才会销售。一个善于倾听的人，才会成为一个优秀的销售员。

倾听是一项很重要的技能，善于倾听的销售员往往会做得比同行好。销售员要想得到认同，很重要的一点就是会倾听，从而探寻客户的真正需求。倾听，不仅是倾听客户的声音，还要注意倾听客户的肢体语言、心理语言。其中，掌握倾听技能重要的前提就是认真和耐心。

情境再现

经朋友介绍，重型汽车销售员刘文熙去拜访一位曾经买过他们公司汽车的客户。见面时，刘文熙照例先递上了自己的名片："您好，我是重型汽车公司的销售员，我叫……"才说了不到几个字，这位客户便用十分严厉的口吻打断了刘文熙的话，并开始抱怨当初买车时的种种不愉快。例如服务态度不好、报价不实、内部配备不对、交接车等待时间太长……

在这位客户喋喋不休地数落当初提供汽车的销售员时，刘文熙静静地站在一旁，认真地听着，一句话也不说。

终于，这位客户把以前所有的怨气都一股脑儿地吐光了。当他稍微喘息了一下时才发现，眼前的这个销售员好像很陌生。于是，他有点不好意思地对刘文熙说："小伙子，您贵姓？现在有没有好一点的车型，拿一份目录给我介绍介绍吧。"

当刘文熙离开这位客户的公司时，心里激动得几乎想跳起来了，因为他拿到了两台重型汽车的订单。

从刘文熙拿出产品目录到成交，和客户对话加起来没有超过十句。重型汽车交易拍板的关键，原因由那位客户道了出来，他说："我是看到这个小伙子人非常实在，有诚意又很尊重我，所以才买他的车的。"

情境分析

在上面这个销售案例中，销售员刘文熙耐心地倾听了客户的抱怨，并没有因为客户的话啰唆、不好听而打断客户的倾诉。很显然，刘文熙的举动获得了客户的好感，让客户感觉到了自己被尊重。最后获得了客户的订单。

销售心经

想要获得客户的好感，有效地捕捉到客户的需求信号，就要学会倾听。那么，如何倾听客户的心声呢？

1．耐心听，不要插话

不管销售员多么想把产品介绍给客户，在客户讲话的过程中都不要轻易打断客户的发言。每个人在讲话的过程中都不希望被别人打断或插话。耐心倾听，不仅让客户有一种被尊重的感觉，而且还会给他们留下良好的印象，这都有利于进一步的沟通。

2．内容太多做好记录

在倾听过程中，客户常常会讲很多内容，这些内容中也通常会有很多重点，对于这种情况，销售员可以用纸笔做好记录，深刻体会客户的需求，为客户提供更加贴合利益的帮助。

3．注意随时回应客户

在客户谈话的过程中，要注意认真倾听，及时回应，这样才能使客户无所顾虑地说出他想说的话。这不仅使客户有一种受重视的感觉，而且还能使销售员获得更多的客户信息。例如，"你说得对。""我同意您的看法。""嗯！是这样的。"这些话语虽然简单，但确实可以表明销售员有在耐心地倾听客户的讲话。

4．思考并求教客户

对于客户的倾诉，要学会思考，采集重要的信息。销售员可能会发现一些问题，对于这些问题需要客户进行确认的，销售员应当及时让客户确认。需要认真核对的，应当及时核对。比如销售员可以这样说，"您这句话的意思是……我这样理解对吗？""按我的理解，您是指……""您能再详细说说吗？"这些话语的运用，同样使客户有一种受尊重的感觉，当然最主要的作用还是深入了解客户的谈话意图，便于后面的销售。

❓ 销售精英小贴士

倾听，是一种以静制动的策略。作为一个销售员，如果善于倾听，会更加受到客户的欢迎。对于一个倾听了自己苦闷的销售员，客户会把他当作朋友，建立信任的桥梁；对于一个倾听了自己需求的销售员，客户会认为他足够专业，一定会给自己最合理的建议。

问得越多，对客户了解就越多

销售箴言

问得越多，对客户的了解就越多，就越容易打动客户。

医院里我们会发现医生在给病人治病之前一定会问许多问题，比如，您什么时候开始感到背部痛？发病时您正在做什么？摸您这个位置会痛吗？躺下来会痛吗？爬楼梯的时候会痛吗……这些问题使病人感受到医生的专业，病人便自然会产生信任，跟医生密切配合，让医生迅速找到病源从而对症下药。销售员也应该像医生一样，通过有的放矢的提问，探知客户的真实需求，并及时予以满足，这样销售才能成功。

情境再现

　　年轻的女孩在百货大厦的鞋柜前转了很久。销售员李娟上前搭话："你好，有什么需要帮忙的？"

　　"我就是随便看看。"女孩回应道。

　　李娟问："我帮你介绍几款新上市的鞋子吧？"

　　"谢谢，不用了！"女孩显然并不想和李娟多说话。

　　但是，李娟却看得出来女孩是有购买意向的，如果错过了，就会失去一次推销机会。于是，李娟努力地寻找新的话题。女孩穿着时尚，特别是身上的短裤很漂亮，看起来很贵的样子，于是，李娟继续说："您的短裤好漂亮啊，今年好像特别流行，您在楼上的服装店买的吗？"

　　"不是，是我男朋友从上海给我带回来的。"女孩终于开口了。

　　"哦，是吗？我说怎么这么漂亮呢，您真幸福，只是……"李娟不说话了。

　　"你过奖了，只是什么？"女孩问。

　　"只是我觉得您的鞋子和这条短裤有一点不搭配，不过，这样穿也很好看。"李娟笑着说。

　　女孩不好意思地说："我其实就是为搭配它买鞋的，但是怕自己选得不合适。"

　　李娟热情地说："信得过我的话，我可以帮你搭配一下。"

　　女孩点点头。然后，在李娟的帮助下，女孩终于挑了一双满意的鞋子，高兴地离开了百货大厦。

....

情境分析

在上面这个销售案例中，销售员李娟通过细心的提问，发现了女孩的真正意图，从而推销出自己的产品。如果没有这些适当的提问，可能就会错过这个销售机会，可见提问在销售沟通中也是一个重要的部分。而且，问得越多，对客户的了解就越多，就越容易用产品打动客户，从而销售成功。

销售心经

提问也是需要技巧的，如果提问一些让客户不耐烦的问题，结果只会和销售员的初衷相悖。那么如何提问？提问哪些问题才可以促使销售成功呢？

1. 提一些客户必须回答的问题

当客户不想开口说话时，就要问一些既能让客户必须回答又不令客户反感的问题。例如，看到客户的房间里有幅漂亮的书画，销售员便可以问一些关于此画的出处或者作者，这样既能表现出销售员对客户的高雅和学识的崇拜，也能激发他谈话的欲望。

2. 提一些赞美性的问题

赞美性的提问往往能够满足客户的虚荣心，打开客户的话匣子。因此，在销售的过程中，可以选择一些赞美性话题。如看到一位漂亮的女士在选购首饰，销售员就可以适当赞美一下她的着装，引发她说话的兴趣，然后建议她再配一条项链，会更加美丽。

3．提出一些关于询问产品意见的问题

当客户不说话的时候，不要急于向客户表述自己产品是多么优越，功能多么强大。这时销售员应该向客户询问一些关于产品意见的问题。如销售员可以问"你觉得这款的颜色怎么样"或者"你觉得产品还应该在哪些方面需要改进"等，这样就有可能打开谈话的场面。

4．提一些探索性的问题

探索性的问题能够激发客户的情趣。如在客户的家里，客户的孩子正在玩耍，销售员可以问"现在孩子比较难教育，您是怎样教育您的孩子的"或"您对孩子的教育有怎样的看法"等这样的问题，在客户沉默不语时，往往能够把客户的谈话欲望充分调动起来。

此外，提问时还需要注意下面的一些技巧。

1．替对方着想，避免敏感问题

要尽可能地站在客户的立场上提问，不要只围绕着自己销售的产品与客户沟通。对于某些敏感性问题尽可能地避免提问，如果一些问题的答案确实对销售员很重要，那么不妨在提问之前换种方式进行试探，等到确认客户不会产生反感时再进行询问。

2．注意运用循序渐进的方法

初次与客户接触时，最好先从客户感兴趣的话题入手，不要直截了当地询问客户是否愿意购买，一定要注意循序渐进。

3．提问时一定要注重礼貌

古语云"礼多人不怪"，销售员更应该时刻对自己的客户保持礼貌，提问时的态度更是一定要足够礼貌和自信，不要鲁莽，也不要畏首畏尾。

4．选择性的提问，要给客户留有足够的空间来回答

选择问题时，一定要给客户留下足够的回答空间，在客户回答问题时尽

量避免中途打断；提出的问题必须通俗易懂，不要让客户感到摸不着头脑。

销售精英小贴士

　　提问是一门学问，想要在销售沟通时更加容易，就要学会提问。提问时要注意相关的技巧，问得越多，对客户了解越多，成交率也会越高。

从客户的抱怨中发现需求

销售箴言

　　抱怨是难免的，重要的是从抱怨中发现了什么。

　　在销售中，如果客户没有真正的购买意向或者对于产品的一些性质不是特别满意，常常会有一些抱怨情绪。一个好的销售员要做到的就是从客户的抱怨中发现需求，再从需求入手完成推销的过程，争取推销成功。

情境再现

　　在一家电器商场，有位客户来到了销售员陈华的柜台前，打算购买一台变频空调。他仔细地看着陈华给他提供的说明书，然后对陈华说："这个空调的变频时间太长了！"

　　陈华："其实，这是为了保证空调的使用寿命而设计的。如果变频时间过短，空调的反应时间就会变短，快速反应是会影响它的使用寿命的。"

客户觉得陈华说得有道理，便说："就算你说得有理，但你这价格也太高了！"

陈华："我们这都是正规的全国统一零售价。不论您在哪儿买都是这个价格，不信的话，您可以看材料上印刷的统一零售价格。"

客户："这个体积太大了，太占地方了！"

陈华："是这样的，我来给您解释一下吧，还是和使用寿命有关。空调的频率比较大，压缩机就大，所以空调的体积就大了。"

陈华看了看客户的表情，见客户听得很仔细，便接着说："您再看看空调的颜色和外观，如果还有其他问题，您尽管提出来，如果没有别的问题，我现在就帮您开单。"

客户又仔细地看了一遍，说："没什么问题了。"

陈华："好，既然您没有问题了，那我就开票了，请您到那边的收银台交款。"

客户："好吧！"

情境分析

在上面这个销售案例中，陈华表现得十分出色。他知道"嫌货才是买货人"，所以当他面对客户变频时间长、体积大、价格高等抱怨时，没有退缩，也没有不耐烦，更没有应付了事，而是热诚服务，积极解答，努力排除客户的所有异议，并用有技巧性的语言来激发客户的购买欲望，最终顺利成交。

销售心经

抱怨的客户，有时恰恰是黄金客户。那么，在实际沟通过程中，销售员在处理客户的抱怨时，应该注意什么呢？

1. 正确看待客户抱怨

没有十全十美的产品或者服务，抱怨是在所难免的。销售员在面对客户抱怨的时候切忌争辩，要认真倾听，安抚客户，听出客户的真正需求。

2. 认真处理客户抱怨

处理客户抱怨的时候，首先要注意保持谦虚诚恳的态度，然后巧妙引导客户，提出有针对性的策略，扫清销售障碍。

销售精英小贴士

对于客户的抱怨，首先销售员要表示认同，然后站在客户的立场上多想想，帮客户分析产品的利弊，对客户以诚相待，发现客户的真正需求。

第二章

沟通口才：用嘴说服客户，
用诚心打动客户

　　销售员都要具备好口才，不管是精彩的开场白、暖心的寒暄，还是销售过程中的语言技巧，好口才都是销售员必备的武器。销售就是用嘴说服客户的过程，语言的魅力是难以预估的，销售员要多锻炼自己的口才，当然，不管说得多好，诚心、尊重都是销售的前提，这点一定要注意。

用精彩的开场白引起客户的兴趣

销售箴言

好的开始是成功的一半，对销售员来说，开场白的好坏会影响销售的成败。

如果能够第一时间抓住客户的心，用充满智慧的语言作为自己的开场白，客户就很可能对销售员的产品更加感兴趣。好的开始是成功的一半。好的开场白还可以消除客户的戒心，赢得客户的好感，让销售的过程更加愉快和顺畅。

‥‥‥‥‥‥‥‥‥‥‥‥‥‥‥‥‥‥‥‥‥‥‥‥‥‥‥‥‥‥‥‥‥‥‥‥‥‥

情境再现

案例一

看到一位来过店里的客户走了过来，销售员季斌马上笑着迎过去。

季斌："好久不见了朋友，最近你到哪里去了，是不是把我忘了呀？"

客户："呵呵，最近比较忙，所以现在才来买你的车。"

季斌："我们是朋友，你不要车就不能进来看看我吗？我每天都能看到你从这里路过，你真是个大忙人呀！不过你都忙些什么呢？"

客户："我在一个机器厂上班，制作一些机器零件。"

季斌："真的呀？我们的汽车是由好多零件组成的，但是那些零件是怎样做成的，我还真不知道。"

客户："如果有机会，一定让你到我们厂子里参观一下。"

当季斌真的来到他的机器厂时，客户显得非常高兴，并且还把他引荐给其他朋友。季斌趁机把自己的名片送给了每一个人。

一个简单的开场，却获得了一连串的大丰收。季斌不但得到那个客户的订单，还增加了很多新客户。

案例二

周庭和孟思同是水产经销公司的销售员。周庭去拜访一位老客户时，感觉该客户需要进货了，他推开客户的门高兴地说："老朋友，好久不见，您有几天没进货了吧？货还够不够用？我这里的货还很多，可以给您送一些过来。"

客户笑着回答："周庭呀，你来早了，前几天进的货还没卖多少，暂时不用考虑进货，我什么时候要再联系你吧！"

周庭最终无功而返，而同样的，孟思也是去拜访一位老客户。

孟思："老朋友您好，我今天有个好消息带给您，现在有一笔可以让您获得巨额收益的生意，不知道您有没有兴趣？"

客户听孟思这么说，激动地说："有啊，你说一下吧！"

孟思："不知您是否知道，专家预测到今年市场上的水产价格会猛增两成。所以，今年水产的出售量可能会达到这个数字。"孟思随即在自己手上写下一个数字，她观察到客户的眼睛开始发亮，就接着说："不知您是否打算储存一些水产呢？"

客户："来，快请坐，咱们详细谈谈。"

然后，孟思开始为客户详细地介绍国家政策的调整、消费者的需求、市场的发展等情况，最后孟思还帮客户精确计算出应储存货物的数量。

当孟思为客户制订了详细的计划后，这笔大订单也拿到手了。

....

情境分析

第一个案例，销售员季斌通过亲切的开场白拉近了与客户的关系，在相处愉快的同时成功销售并拓展了自己的客户圈；第二个案例，销售员周庭用千篇一律的开场导致推销失败，而销售员孟思则运用国家政策精心设计了一个开场白，顺利地将水产推销出去，收获了一个大单。

销售心经

开场白有多重要呢？有的时候，开场的几十秒就能够决定这是不是一次成功的销售。设计一个好的开场白，显然是十分重要的。那么精彩的开场白应该如何设计呢？

1. 问题法开场白

销售员可以用问问题的方法来开场。一来可以用问题引起客户的兴趣，引起客户对产品的思考；二来客户回答问题后，销售员可以根据客户对问题的反应来决定下一步的语言。

2. 利益法开场白

销售员可以用产品的实惠来引起客户的兴趣，这是一种很常见的开场白，从推销学角度来讲，利益法开场白接近客户求利心理，能达到迅速接近客户的目的。

3. 好奇法开场白

开场白如果可以唤起客户的好奇心，引起他们的注意，销售员就可以接近客户，向他们推销自己的产品。

4．震惊法开场白

震惊法开场白包括令人吃惊的方法和震撼人心的事物等，需要注意的就是必须把握好开场白的时间，有些事情虽然令人震惊，但是作为开场白不宜占用过长的时间，还有就是最好能够引申到产品上，而且注意震惊的事情不要让客户感觉恐惧，引起反感。

❓ 销售精英小贴士

精彩开场白的关键词是投其所好、亲切、新颖。如果销售员的开场不能引起客户重视，客户又怎么会心甘情愿抽出大量时间来做交易呢？精彩开场白的过程中除了语言要让人记住，一些动作，如手势、姿势、面部表情等也可锦上添花。

寒暄有度，不能废话连篇

销售箴言

销售的语言在精而不在多，寒暄的时候切忌废话连篇。

寒暄的意思就是嘘寒问暖，在销售沟通的过程中，不管是遇到新客户还是老客户，都需要寒暄一番，借此拉近彼此的距离。恰当的寒暄可以对销售过程起到推动的作用。但是很多销售员总是犯废话连篇的错误，有的时候话多不代表成功率就高，啰唆十句不如精练一句，适当有度的寒暄才是销售员应该做的。

‧‧

情境再现

案例一

税务局要采购一批新的机器，因为是国家部门，因此这个项目的负责人张主任十分严肃。想要顺利洽谈成功，首先要让张主任听得进去，销售员李立见张主任之前一直在思索，该如何寒暄才能引起张主任的注意呢？

李立："张主任，您好。"

张主任："你好。"

李立："张主任，我这是第一次进税务局，进入大堂的时候感到很自豪。"

张主任："很自豪？为什么？"

李立："因为我每个月都缴纳几千元的个人所得税，工作这几年加在一起总共有十几万元了吧。虽然我算不上大款，但是从没有漏过税。所以，今天我一进入税务局的大门，就感觉到一种自豪感。"

张主任："哦，这么多。你的收入还不错。一般你每个月缴纳多少个人所得税？"

李立："根据销售业绩而定，我做得好的时候，月收入一万到两万元，这样就要缴纳两三千元的个人所得税。"

张主任："如果每个企业都像你们公司这样纳税，我们的任务早就完成了。"说完，张主任赞许地点点头。

李立："对呀。而且如果用这些钱去做教育、搞基础建设，用不了多久，中国就能变成经济强国。"

随着谈话的气氛逐渐变好，李立的销售工作也顺利开展，最后，张主任决定在李立这里采购机器。

案例二

韩素参加了保险行业的培训，在培训当中她了解到，与客户交流一定要有礼貌，为了增加与客户之间的亲密感，一定要注意寒暄。经过周密的准备，她敲响了客户的门。

"请问你找谁？"一位中年女士开了门。

韩素彬彬有礼地回答道："请问您是卢梅女士吗？我是韩素，很高兴认识您。"说着，韩素伸出了手。客户礼节性地与她握了握手，又问道："认识你我也很高兴，但是你找我有什么事呢？"

"冒昧地打搅，真是不好意思，占用了您的休息时间，也非常过意不去。您可以原谅我吗？"

"哦，没关系。你有什么事吗？"

韩素看了一眼屋内的摆设，故意夸奖说："看您屋内的摆设，就知道您是一个会生活的人，我说得没错吧？"

"谢谢你的夸奖，但是，你究竟有什么事呢？"客户已经不耐烦了。

"嗯，再一次谢谢您能够抽出时间来跟我说这么多话，我真的非常感激。其实，我还想再耽误您一点时间，来介绍……"

"够了！"客户非常焦躁地说，"你已经耽误我够多的时间了！"随后，门就被"砰"一声关上了。韩素目瞪口呆，不明白这是怎么一回事，难道是因为自己对客户还不够礼貌吗？

情境分析

第一个案例中，销售员李立与张主任的寒暄取得的效果很好。李立的高明之处在于把个人所得税作为寒暄的话题。张主任因为这话的内容涉及自己的工作，引发了共鸣，当他深入了解的时候，李立后面的工作也顺利开展，从寒暄到销售成功水到渠成。

第二个案例中，韩素虽然也用了和客户寒暄来拉近距离的方法，但是结果却与第一个案例恰恰相反，她的失败就在于没有掌握寒暄的"度"，没有找到好的切入点，显得废话连篇。

销售心经

销售是一个主动和客户沟通的过程，寒暄在沟通中常常会起到很好的作用。

调查显示，成功的寒暄，提起对方的嗜好占35%；提起对方的工作占25%；提起时事问题占18%；提起孩子等家庭之事时占10%；提起影艺、运动占5%；提起对方的故乡及所读的学校占4%；提起健康占2%；提起理财技术及街谈巷议占1%。

有很多人觉得寒暄得多了只有好处，没有坏处，这个认识是错误的。寒暄也是一把"双刃剑"，如果寒暄过度，会让人觉得废话连篇。那么，如何把持这个度呢？

1. 寒暄话不要太多，以免背离主题

销售重要的是要把产品卖出去。因此销售员在寒暄的时候要注意话不要太多，以免偏离销售主题，此外，说得太多还容易暴露销售员的一些问题，多说多错。

2. 寒暄要有度，要大方自然

尴尬的时候话多不一定有用，寒暄的时候也是这样。过度的寒暄会让客户觉得虚伪。适当的嘘寒问暖才是让人舒服的。特别是一些销售员经常会刻意地去寒暄，这很可能招来客户的反感，认为销售员有什么企图。此外，销售员的态度应该大方自然。

3．注意不要心太急，急功近利

一些销售员缺乏定力，急于求成，往往会在寒暄的时候就表现出急于让客户购买的心情。一旦这种心情被客户感知到，客户就会自动疏远销售员，更别说与销售员交易了。急于成交的话语常常会让客户倒胃口，让销售员陷入被动。

❓ 销售精英小贴士

> 很多时候，客户比销售员更加没有耐心。虽然寒暄可以促进彼此的感情，但是过度的寒暄有可能会起到相反的效果。销售员要注意寒暄的学问，运用好这把"武器"。

第一次见面，可以不谈销售

销售箴言

> 销售不能急于求成，第一次见面可以不谈销售，先加深对客户的了解，"磨刀不误砍柴工"。

销售员在销售产品时，常常会被客户拒绝甚至是抵触。对于这类防备心特别强的客户，如何能够让他们听一下销售员的意见呢？客户强烈排斥销售，那么销售员可以先不谈销售，通过交流其他心得赢得客户的好感与信任，然后再进行销售就容易多了。例如销售员可以跟客户说："我只需占用您 10 分钟的时间，与您随便聊聊并保证不与您谈产品的事。"

··

情境再现

有个保险销售员在 29 岁时就成为业绩一流的从业者。他对于如何打消客户的顾虑很有心得。

有一次，这名销售员去拜访一位叫周雷的客户，这位客户可是个大忙人，经常约不到，而且对保险有一定的抵触心理。

这天，销售员给周雷打了电话："周先生，我是 ×× 人寿保险销售员，是朱先生让我联系您的，稍后去您那里拜访不知道可不可以？"

"是想销售保险吗？已经有许多保险公司的销售员找过我了，但我不感兴趣而且我也没有时间。"

"我知道您忙，但您能抽出 10 分钟吗？ 10 分钟就够了，我保证不向您销售保险，只是对您感兴趣，想跟您随便聊一聊。"

"好吧，你明天下午 4 点钟来吧。"

"谢谢您！我会准时到的。"

销售员的争取，让周雷答应了他拜访的请求，第二天销售员准时到了周雷的办公室。

"因为您的时间非常宝贵，我将严格遵守 10 分钟的约定。"销售员认真地说。

于是，销售员开始了尽可能多的提问，让周雷多说话。

10 分钟很快就到了，销售员主动说再见："周先生，10 分钟时间到了，您看我得走了。"

此时，周雷谈兴正浓，便对销售员说："没关系，你再多和我聊一会儿吧。"

就这样，谈话还没有结束，接下来，销售员在与周雷的闲谈中获得了很多对销售有用的信息，而周雷也对销售员产生了好感。当销售员第 3 次拜访周雷时，顺利地拿下了这张保单。

情境分析

在上面这个销售案例中，销售员很好地利用了 10 分钟的销售题外话，如果销售员抱着某个目的去接近客户，那么很可能会被客户拒绝，如果愿意抽出一点时间先了解客户，能真正想客户之所想，那么客户就会认真倾听销售员的意见，也愿意完成后面的销售过程。

销售心经

消除客户的警戒心理、赢得客户的信任是销售中很重要的一环，销售员可以运用第一次见面不谈销售的方法来达成目的，但是在第一次面见客户时，也有很多需要注意的点。

1. 遵守诺言，不谈销售

由于销售员已经与客户说好了不谈销售，所以销售员一定要遵守诺言，除非客户自己主动提及，否则不要介绍公司产品及相关的内容。如果销售员违反了诺言，客户会认为销售员不可信任，其实还是为了从自己身上谋取利益，而不是真的关心他。

2. 说话速度不宜太快

语速太快不利于对方倾听和理解，同时也不利于谈话的进行，因为语速太快会给对方一种压力感，似乎在强迫对方听销售员讲话，强迫对方接受销售员的观点，然后强制销售。

3．不占用客户太多时间

说占用对方几分钟的时间就占用几分钟，绝对不要延长时间，否则客户不但会认为销售员不守信用，还会觉得销售员喋喋不休，那么下次再想约见他恐怕就很难了。当然，如果客户自己愿意延长时间与销售员交谈那就另当别论了。

4．让客户说话，了解有用的信息

销售员在拜访客户的时候尽量多问问题，多听客户说话，这样做的目的一来是为了多了解客户的信息，二来是为了变单向沟通为双向沟通，让客户由被动接受变为主动参与。

5．保持良好的心态

销售员在拜访客户时，不但不要提及销售，还要保持良好的心态，要面带微笑，不要给自己和客户压力，这样在客户面前销售员才会显得更加自然大方，从而创造良好的交谈氛围。

销售精英小贴士

第一次见面如果能给客户留下好的印象，对销售员后面的销售是十分有利的。如果客户对销售比较抵触，销售员切记不要一开始就谈产品，而要利用 10 分钟的时间来加深了解，先取得客户的好感和信任。

用幽默营造沟通的良好氛围

销售箴言

幽默是销售过程中最好的润滑剂。

如果销售员十分幽默，那么他的销售过程将十分富有感染力。幽默是一种智慧，也是一种艺术。一旦销售成为一种艺术行为，那么客户将十分热爱并享受这个过程，在良好的沟通氛围下，销售成功也不是什么难事了。

情境再现

销售员李建国的口才十分好，而且反应敏捷，善于随机应变，所以他的销售业绩一直稳居他所在超市的首位。

在一次周末促销会上，李建国的任务是推销那些"折不断的"塑料晾衣架。

"看啊，这些晾衣架是多么坚韧，不管多重的衣服挂在上面它都不会断哦。"为了证明自己所说的并非假话，李建国拿起一个晾衣架，捏着晾衣架的两端使它弯曲。

突然，"啪"的一声，原本完好的塑料晾衣架变成了两半。但李建国并不慌张，他机灵地把坏掉的晾衣架高高地举了起来，对围观的群众说："看吧，女士们、先生们，这就是这种塑料晾衣架的内部结构！"

李建国的话一说完，围观的人都哈哈笑了，当然，并没有人责问李建国晾衣架断了的原因，而李建国也继续推销自己的晾衣架。

··

情境分析

在上面这个销售案例中，李建国的机智幽默赢得了周围群众的好感，因此，尽管销售的过程中出了点纰漏，但是瑕不掩瑜，这还算是一场完美的销售。幽默是一种人生智慧，也是一种销售智慧，销售中的幽默多一点，成功的概率就会大一点。

销售心经

在销售沟通的过程中，幽默常常能够起到意想不到的作用。适当的幽默既避免了销售员和客户之间的尴尬，更增加了销售员的人格魅力。当然，幽默不等于乱开玩笑，过头了也会给客户一种不可靠的感觉。那么，销售中运用幽默的要点有哪些呢？

1. 要注意幽默的内容

销售员要特别注意幽默的内容，切不可拿客户的私人问题说笑，以免引起对方的反感，使客户觉得销售员不尊重他。并且一定要做到措辞明了，避免引起误解。

2. 幽默要适度

在销售过程中，尽管适当的幽默能降低客户对销售员的敌意，但如果掌握不好幽默的分寸，就会给客户留下轻浮、不可靠的印象。

3. 幽默要区分客户

在销售员打算轻松幽默之前，最好先分析客户是否喜欢幽默，一定要确定不会激怒对方。

4. 幽默时要保持微笑

在运用幽默的过程中，销售员一定要保持微笑，否则，幽默就很可能被误认为是讽刺。微笑是销售员正在开玩笑的有力证据，销售员的微笑其实就是告诉客户，他此刻说的话是为了让客户高兴起来。

5．幽默不应该冲淡谈话主题

销售员和客户交谈的主题只有一个：达成交易。有些销售员相当幽默，开玩笑的手法也相当高明，但是一开起玩笑来，就将客户的思路越拉越远，最后冲淡了谈话的主题，导致交易失败。所以，销售员一定要注意避免犯这样的错误。

销售精英小贴士

一谈到销售，客户很容易充满戒备与敌意，这时候如果销售员能够运用幽默的语言让客户开心，就可以消除气氛的紧张感，使整个沟通的过程变得轻松愉快，充满人情味。所以，销售员不妨多学习使用一些幽默的语言，在关键的时候"扭转乾坤"。

巧妙地重复卖点，强化客户印象

销售箴言

不断地重复卖点，那么卖点就会在客户的潜意识里留下深刻的印象，最终得到认同。

心理学上有个重要的定律叫作重复定律。在人的潜意识中，如果不断重复地听到一些人、事、物，那么这些人、事、物就会在潜意识里变成事实，得到人们的认可。如果在销售沟通的过程中，销售员能够善于运用这一定律，那么客户将会在头脑中对产品形成清晰的印象，从而记得产品带来的利益和好处，下决心购买。

··

情境再现

严俊和彭珍是同一款相机的销售员，而且在一起工作，面对同一个客户，他们取得的销售成果却大不相同。

严俊："您好，有什么可以帮到您的，您需要买一款相机吗？"

客户："是的，不过一定要全自动的。我想把它作为礼物送给女儿，她不会使用相机，所以一定要容易使用的。"

严俊："您的预算大概是多少？"

客户："1 500 元左右吧。"

严俊："好的。我觉得 ×× 型相机挺符合您的要求，目前特价，只售1 200 元，物超所值，能为您节省……"

客户："嗯……"

严俊："另外它还具有高速快门，就是说……"

客户："对不起，使用起来是否方便容易呢？"

严俊："我正要介绍……"

客户："让我先考虑考虑再说吧。"

我们再来看看彭珍对这位客户是如何销售的。

彭珍："您好，有什么可以帮到您的，您需要买一款相机吗？"

客户："是，不过一定要全自动的。我想把它作为礼物送给女儿，她不会使用相机，所以一定要容易使用的。"

彭珍："容易使用，好的。那您的预算大概是多少呢？"

客户："1 500 元左右吧。"

彭珍："好的。我觉得××型相机挺符合您的要求，目前特价，只要1 200 元，这是在您预算范围内最容易使用的相机，完全自动。您女儿所要做的只是选取好想要照的景象，然后按下快门就可以拍照了，就这么简单。"

客户："嗯……"

彭珍："输出也十分容易，只要用数据线连接电脑即可。"

客户："就这么简单？"

彭珍："就这么简单！它是全自动的，使用起来很简单。您打算今天就要吗？"

客户："现在有货吗？"

彭珍："当然。"

客户："好吧。"

情境分析

严俊的销售为什么没有进行下去呢？因为在上面这个案例中，客户的关注点在容易操作，而严俊推销的重点是为客户省钱，功能齐全。客户感觉自己的需求没有被满足，因此并没有接受严俊的推销。

彭珍又是如何做到的呢？首先她找到了客户的关注点，并将客户的特定需求重复了四次。通过不断重复"全自动"和"使用简单"这类词语，加深了客户印象，让客户觉得这就是自己想要的，最后推销成功。

🏃 销售心经

销售员学点心理学是很必要的，巧妙地重复卖点在心理学上就是利用潜意识的作用来提升客户对产品的认可度。为了达到这个目的，销售员可以通过"重复说明一个重要信息"的方法来强化客户印象。那么，如何正确使用这一技巧呢？

1. 重复时多使用感性词语

感性的语言常常会在销售中产生很大的感染力和推动力。销售员可以把重复定律与创造感觉法一起运用。比如，销售员卖的是按摩床垫，那么就可以不断地重复床垫能通过按摩人体的特定穴位来达到使人轻松舒服的功效："使用了这种床垫，您每天晚上都会睡得特别香，第二天精神饱满。"

2. 重复中多用短句

在销售过程中，销售员还可以用一些短句来达到强化印象的目的。如"您不可能忘记……""这不可能忘掉……""这么美妙的东西，相信您会记住……""也许您会常常想起……"销售员还可以这样说："您的孩子会因此而感激您的……""您的妻子会永远记得您送给她这么一份美妙的礼物……"。

❓ 销售精英小贴士

想要运用这一技巧，销售员要先倾听客户的需求，当客户提出的需求非常明确时，销售员就可以通过使用重复定律，加深客户对产品的印象，引导客户认可产品，购买产品。

说到点子上，即使价高客户也会购买

销售箴言

"打蛇打七寸"，漫无目的地推销，只会事倍功半，不会有明显效果。

在和客户交谈的时候，要注意找到对方关注的中心问题。了解了客户的需求，才能说到点子上。啰唆十句不如精练一句，只有说到点子上才能打开客户的"心扉"，而且即使有的时候产品价格偏高，客户喜欢也会考虑购买。

情境再现

李淑涵是一家家纺店的销售员，一天，一对年轻的夫妻走进家纺店。

女士："看，那个四件套上的图案好特别啊，我们就要那个吧！"

先生："那个底色是白色的，不好洗，再看看别的吧。"

女士："好吧。"

女士："你好，这一套多少钱？"女士摸了摸另一套。

李淑涵："这一套500元，虽然这一套好洗，但不是纯棉的，您刚才看重的那个是纯棉的。"

女士："那这个呢？"

李淑涵："这是纯棉的，也好洗，但是花色有点过时了。"

女士："那这个总该好洗、没过时、也是纯棉的吧！"

李淑涵:"这倒是,但是这一套没有那一套的花色好看啊。"

女士:"那么,那一套多少钱呢?"

李淑涵:"850元,这套不管是价格还是风格,都比较适合您,而且我觉得这一套铺在您的床上,一定会显得您很有品位的。"

女士:"虽然有点贵,但是我很喜欢。好吧,我做主了,就这个吧。"

情境分析

在上面这个销售案例中,李淑涵了解到客户关注四件套上面的图案,所以一再强调她一开始看中的那一套四件套,说到了客户的心里,最终达成交易。其实在每一件产品或服务中,都有一个客户心中的漂亮图案。销售员要学会找到客户眼中的那个图案,说到点子上,交易就会成功。

销售心经

美国销售培训大师和职业演说家崔西有一个策略叫"热点"攻略。有的时候,无论销售员说得多么有吸引力,"热点"不对也无法真正地打动客户,如果能找出客户最关注的"热点",销售员就可以进行重点击破。长此以往,销售员的业绩就可以更上一层楼。那么,如何找准"热点"呢?

1. 热爱自己的产品

销售员只有对自己的产品有兴趣,并在销售的过程中表现出来,才能让客户切实感受到产品的魅力。销售员要将客户的"热点"吸引到热爱的产品上,让客户明白,销售员的产品是可以满足他的需求的。

2. 找出让客户心动的关键理由

即使客户对销售员的产品有需求,但不同的客户对产品需求的侧重点是不同的，因此，销售员要善于发现，找出面前的客户最心动的点。

3. 换位思考

客户需要的从来都不是产品，而是产品能够带来的利益。因此，销售员不要只点明自己的产品有多么好，而要学会换位思考，假设自己就是面前的这位客户，思考客户最想要得到的利益是什么，这样就能找准客户的"热点"。

销售精英小贴士

有的放矢，才能事半功倍。中国有句古话："打蛇打七寸，擒贼先擒王"，销售员要有一双锐利的眼睛，快速找到客户最关注的热点，说到点子上。这样即使价格偏高，客户也会购买，整个销售工作就会变得十分有效率。

站在客户的立场上说服客户

销售箴言

站在客户的立场想问题，从对方的角度出发，才能做好销售。

人际交往中，人们常常从自己的愿望和要求出发去和别人打交道，有些销售员也是如此。因为没有设身处地地为客户着想，忽略客户的愿望和要求，所以很难赢得客户的认可，从而对销售造成阻碍。

情境再现

案例一

朱然是某保险公司的一位销售员。一次，他对一位家庭主妇进行了拜访。

一进门，朱然便说明来意："太太，我这次是特地来请您和先生及孩子投人寿保险的。"不料客户一句顶回来："保险都是骗人的勾当。"朱然并未生气，仍微笑着问道："哦，这还是第一次听说，您能帮我解释一下吗？"客户说："假如我和先生投保 10 000 元，10 000 元现在可以买 1 ~ 2 部苹果手机，而 10 年后再领回的 10 000 元，恐怕连一部普通手机都买不到了。"朱然又好奇地问："那又是为什么呢？"

客户很快地回答："一旦通货膨胀，物价上涨，就会造成货币贬值，钱就不经花了。"朱然又问："在您看来，10 年后、20 年后一定会通货膨胀吗？"客户迟疑了一会儿说："我不敢断定，但根据最近两年的情形来看，会有这种可能的。"朱然再问："还有其他因素吗？"客户支吾了一下："比如受国际市场的波动影响，说不定……"接着朱然又问："还有没有别的因素？"

客户终于无言以对。通过这样的问话，朱然对客户内心的忧虑已基本了解。

于是，朱然首先维护客户的立场："您的见解有一定道理。假如物价急剧上涨 10 年，10 000 元不要说普通手机都买不到，恐怕只够买一瓶酱油了。"客户听到这里，心里比较高兴，因为她的观点赢得了他人的认同。

最后，朱然又补充一句："即使物价有少许上升，有保险也比没有保险好。况且我们公司早已考虑了这些因素，客户的保险金是有利息的。"经朱然这么一说，客户开始面带笑容，和朱然相谈甚欢。当然，最后朱然推销成功了。

案例二

保险销售员李应龙有个客户是退役的军人。这个客户是典型的军人作风，常常固执己见，说一不二。对待家人也十分严肃。李应龙刚开始拜访的时候，面对他冷漠的脸庞也有点发怵，但是他强迫自己冷静下来，想要找一个充足的理由，让他买自己的产品。

李应龙："保险是必需品，人人不可缺少。"

客户："我现在已经退役，平时没什么危险，家里也没有子女。我不需要保险。"

李应龙："您这种观念有偏差，就是因为您没有子女，我才热心地劝您参加保险。"

客户："哦？为什么呢？"

李应龙："如果我是您，我会为自己买一份保险。因为虽然没有孩子，但是您还有妻子。我听别人说，为人妻者，没有子女承欢膝下，乃人生最寂寞之事。试想没有子女的妻子，如果丈夫去世，有儿女还能慰藉，并在合适的时候承担起赡养的义务，如果没有儿女，一旦丈夫去世，除了孤苦伶仃，恐怕最后也会孤老无依了。多份保险就为她多份保障。"

客户听了李应龙的一席话，默不作声，过了好久说道："你讲得很有道理，好！我投保。"

....

情境分析

第一个案例中，朱然推销成功的秘诀在哪里呢？就在于他首先与客户在观点上取得一致，而没有针对客户的"保险是骗人的勾当"这个观点进行辩驳。朱然先站在客户的立场上一起谈论了今后货币膨胀的问题，然后慢慢引导，提出保险产品有利息这个优点，最后推销成功。

第二个案例中，李应龙之所以推销成功，更是设身处地地为客户想象没有子女的妻子以后的生活，让客户意识到投保也是投出一份责任。如果销售员一味地推销自己的产品，只会造成客户的反感，迎来失败。如果换个立场，亲近客户，为客户着想，说不定就可以成功说服客户，达到销售的目的。

销售心经

销售是与人打交道的艺术，常常进行换位思考，从情感上和客户引起共鸣，才能更好地打动客户的心，达到销售的目的。那么如何站在客户的立场上说服客户呢？

1．为客户的利益着想

为客户的利益着想，常常用在广告业、投资业等。销售员在销售的时候不能总想着自己赚钱，而要想着自己是为了给客户带来利益而工作的。

2．为客户的身体着想

这类话题常常比较感性，使用得当会产生良好的效果。但是在使用的时候，注意不要说过头，让客户觉得销售员是在"诅咒"他。

3．为客户的家人着想

大多数人都会把家人看得比自己重，如果能够代入到客户的社会角色，点出产品能给客户家人带来的相关利益，客户就会比较容易接受。

销售员如果学会"如果我是你，我也会这么做"这句话，离销售成功也就不远了。站在客户的立场上说服客户是销售沟通与谈判中常用的办法，如果认为与客户无话可说，不妨站在客户的立场上先想一想该如何说。

这些话一定不要对客户说

销售箴言

销售过程中有些话一定不要对客户说，如果说了就等于"自杀"。

在与客户沟通的过程中，有些话说了会让客户信赖销售员，而有些话说出口则会使客户对销售员产生反感。常见的这类话有不雅之语、夸大之语、攻击性的语言和谎话等。

情境再现

一对年轻的夫妇来到服装商场买衣服，他们转到了一家西装专柜前驻足。销售员朱琳琳见客户上门，便很热情地向他们打招呼："请问二位有什么需要帮忙的？"

女士：“我们想看看西装。”

于是，朱琳琳便开始给他们介绍最新款式的西装：“二位请看这一款，这是刚刚上市的最新款式，布料是英国进口的，扣子是法国生产的，而整个服装款式是由一位欧洲顶尖服装设计大师设计的。”

这时，夫妇中的那位先生问道：“买这款西装送领带吗？”

朱琳琳说：“领带是意大利进口的，要单买。”

女士：“你们的东西都是进口的吗？但你们的专柜上标有‘温州服饰’四个字啊。”

朱琳琳不知如何解释，只能沉默了。

· ·

情境分析

有的时候为了把产品销售出去，销售员会把产品说得天花乱坠，但是却忽视了产品本身的价值。夸大其词的谎言绝对是销售的天敌。在上面这个销售案例中，朱琳琳虽然“能说会道”，但是她夸大了西装档次，捏造了服装的产地，说的是假话，因此销售无法成功。

销售心经

对于销售新手来说，只有严格要求自己，不乱说话，销售之路才能走得长久。那么，在销售中，有哪些话不能对客户说呢？

1. 夸大其词的谎言

销售员在向客户介绍产品时，或多或少地会夸大产品的功能以吸引客户。但是，客户在日后使用产品时，终究会清楚销售员所说的话是真是假。不能为了要达到销售业绩，就夸大产品的功能和价值，这势必会为以后埋下隐患。

2．批评性的语言

批评性的语言，如"您这地方可真难找啊！""你家这楼真难爬啊！""您这件衣服有点不合体！""这茶可真苦！""你这张名片真老土！"我们知道，大部分人都喜欢听好话，希望获得别人的肯定。如果销售员说话不经大脑，总是无心说些批评性的话语，就会让沟通气氛变得尴尬。

3．攻击性的语言

有的销售员常常不进行理性思考而喜欢逞口舌之快。其实，无论是对人、对事还是对物，攻击性词语都会造成客户的反感。如果销售员表现得太过于偏激，会给客户造成不好的观感，对整个销售只能是有害无益。

4．质疑性的语言

在销售过程中，有的销售员很担心客户听不懂自己的介绍，不断地向客户求证："你懂吗？""你知道吗？""你明白我的意思吗？""这么简单的问题，你了解吗？"这类长者或老师的口气，会让客户觉得自己没有被尊重，不少客户还会随之产生逆反心理。

5．不雅之言

每个客户都希望与有修养、有层次、有品位的销售员交往，满口脏话、粗俗不堪必将给销售过程带来负面影响。例如，寿险销售员最好回避"死亡""没命了""完蛋了"等词语，否则客户不但会觉得不舒服，还会认为销售员素质低。

销售精英小贴士

有些话一定不要对客户说，关系再好的客户也受不了产品由粗俗不可信任的销售员卖出。销售员要取信于他人，就先要做好自己，严格要求自己，以良好的品德来展现自己。

第三章

沟通心理：都想多分"蛋糕"，利益平衡为佳

销售就是一场博弈，销售员希望自己的产品卖一个好价钱，客户希望能够买到物美价廉的产品。不管是销售员还是客户，都想要多占一些利益，多分一份"蛋糕"。在这场博弈中，销售员要想获胜，就必须学会把握客户的消费心理，比如，自私之心、利他之心、从众心理、虚荣心等。那么，如何做一个优秀的心灵捕手呢？这正是本章所要讲述的。

做一个优秀的"心灵捕手"

销售箴言

把握心理，做一个优秀的"心灵捕手"，就可破解客户的"心灵密码"。

在销售沟通中想要占据主动权，就要学会捕捉客户的心理变化。不管是语言、表情还是动作，往往会反映出客户的心理。销售员可以根据客户的内心变化而实施相应的销售技巧：或者安抚客户的心理，或者刺激客户的兴趣，以顺利破解沟通中的难题。

情境再现

案例一

销售员王鑫有一次需要去一个小区里推销保险。当他上门的时候，一位老奶奶开了门。老奶奶一看王鑫是陌生人，也没有说话，只是用充满敌意的眼神看着他。王鑫赶忙递上自己的名片，并主动地做自我介绍。老奶奶"哦"了一声说："进来吧！"王鑫当时就觉得这个客户比较苛刻，需要谨慎应对。

进屋后，王鑫对自己推销的保险进行了简单的介绍。在介绍的同时，王鑫发现客户一直用怀疑的眼神看着他，态度也很冷淡。虽然客户什么话也没说，但王鑫却知道客户对他的戒心很重，自己必须要想办法消除客户的疑虑。于是他说："我们的信誉您可以放心，在这个小区里已经有很多客户买了我们的保险。我们推出一种新的业务，很适合于您这样的家庭，您可以考虑一下。哦，对了，前几天您的邻居李英女士也买了一份保险，您也可以向她咨询一下。"听王鑫这样说，老奶奶才稍稍放心了一些，看待王鑫的眼神也开始变得柔和而友好。王鑫趁热打铁，在一番说服和争取之后，老奶奶终于决定购买他的保险。

案例二

地板销售员姜勇去小区里推销木质地板，这个小区十分漂亮。他选择了一家窗户看起来很漂亮的房子，轻轻地敲了敲门。

客户："谁啊？"

姜勇："您好，我是 ×× 木质地板公司的销售员。"

客户："我家不需要木质地板。"

姜勇："您看，这是我的工作证和身份证。我从楼下看您家窗户装潢得别有风味，就觉得您肯定是一个注重生活品位的人。而我们公司的木质地板都是经过设计师专门设计出来的，非常注重个人品位，并且种类非常多。如果愿意，您不妨来看看有没有您喜欢的类型。不买也没关系，您就当行个方便，让我在您这休息会儿。"

客户："是吗？不同类型的木质地板？那我来看看。"

由于客户比较注重生活品位，一听说有不同类型的木质地板，便有了兴趣，并且之前也已经看过姜勇的身份证和工作证了，于是便降低了对姜勇的警戒心理。

客户开了门，果然屋内的装修别具一格，颇具艺术气息，唯独地板还是普通的，也难怪他会对不同类型的木质地板产生兴趣。当然，姜勇也在第一时间发现了这一点。

姜勇："哇，您家装修得也太好了，整个感觉十分雅致，您是搞艺术的吧？"

客户："不是，我只是对这些喜欢研究而已。"

姜勇："不过，如果您家的地板要是能再有点'风味'，那就更完美了。"

客户："是啊，我也一直想把地板换了，但是市面上那些普通的地板我压根就看不上，那样换了还不如不换。"

姜勇："哦，对了，您看，这是我们公司设计师专门设计的不同类型的木质地板，我觉得这里面有一种特别适合您家的装修风格，要不您看看我手里的这种木质地板样本？"

客户："好，我看看。"

接过木质地板样本后，客户的眼神里明显流露出喜爱之情。

客户："这种木地板还比较符合我家的整体风格。只是不知道质量怎样？"

姜勇："质量您可以放心，我们公司一向注重客户的口碑，如果质量有问题，那市面上肯定会有我们地板的负面新闻啊，您觉得我说得对吗？"

客户："那是，那好吧，我就从你这里买吧。"

情境分析

客户对于第一次上门的陌生人难免有戒备心理。第一个案例中，虽然老奶奶看起来比较苛刻，但是王鑫通过捕捉客户心理，适当地提及了邻居李英女士，消除了老奶奶的警惕心理，成功推销了保险；而第二个案例的销售员姜勇则通过有效证件打消客户顾虑，通过赞美客户的品位，捕捉到客户的兴趣点而成功推销了木地板。可见，做一个优秀的"心灵捕手"，对于销售会起到很大的帮助。

销售心经

销售过程中需要销售员见微知著，准确捕捉客户的心理。那么在把握客户心理方面，销售员需要注意哪些呢？

（1）留意客户的表情。客户的眼睛、眉毛、鼻子、嘴巴其实都可以反馈出一些信息。此外，客户的站姿、衣着、所处的环境等也可以提供有用的信息。销售员可以通过把握这些信息，有针对性地进行推销。

（2）留意客户多次提到的词语。如果人们对某一事物格外在意，说话时常会在不经意间反复提及。所谓三句话不离本行就是这个道理。如果客户在对话中频繁地提到某个词，那么这个词很有可能就是客户的需求点，销售员可以以此作为突破口进行销售。

（3）留意客户"说漏嘴"的话。这些话常常会给销售员提供意料不到的信息，让销售员能够真正把握客户的心理。

销售精英小贴士

做一个"心灵捕手"常常要细心观察，但是如果打量客户太久，会让客户产生不舒服的感觉。因此，好的"心灵捕手"要不动声色，非常自然地采集自己所要的信息。

客户购买的不是产品，是利益

销售箴言

如果对客户的利益视而不见，客户也会漠视你。因为客户购买的不是产品，而是利益。

不少销售员之所以销售失败，是因为在销售沟通的过程中犯了致命性错误：搞错销售重点。与其长篇大论、滔滔不绝地向客户推销产品有多么好，不如先了解一下客户的需要，再有针对性地进行推销。为客户的利益考虑，客户才会对产品感兴趣。客户购买的不是产品本身，而是这件产品能够给自己带来的利益。

情境再现

受过高等教育的人常常十分注重下一代的教育问题。王秀兰就是这样的人。她有一个8岁的儿子。随着孩子的长大，王秀兰意识到该是让孩子看一些百科书刊的时候了。于是，她来到了一家大型图书商厦，在图书大厦中，王秀兰相中了一套百科全书，她向销售员询问。

王秀兰："你们这套百科全书有哪些优点呢？"

销售员："正如您所见到的，这套书的装帧是一流的，整套10册都是这种真皮套封烫金字的装帧，摆在书架上，一定非常漂亮。"

王秀兰："这我知道，你能给我讲讲其中的内容吗？"

销售员："当然，这套书内容是按字母顺序编排的，这样便于您查找资料。除了内容十分齐全以外，它每幅图片都很漂亮逼真，比如亚洲各国的国旗，十分清晰。"

王秀兰："我看得出，不过我更感兴趣的是对孩子有什么帮助？"

销售员："帮助很大！这套书内容包罗万象，有了这套书您的孩子就如同有了一位博学的老师，比如这套地图集，附有详尽的地形图。可以让孩子很直观地了解世界。"

王秀兰："是吗，可孩子会在上面乱涂乱画。"

销售员："这一点我们有办法。我们为此书特制带有锁的玻璃门书箱，在您的小天使不看书时，可以将书箱锁起来。这样孩子就没有办法拿到，在上面乱涂乱画了。那个精美的小书箱就算我们赠送给您的。现在给您拿一套吧？"

王秀兰："哦，我得考虑考虑。你能否让我看看其中的内容呢？"

销售员："可以啊，您看一下。这套书有地理，有天文，包罗万象。"

王秀兰："嗯，确实很齐全啊。"

销售员："是啊，这套书是送给您孩子的一件很好的礼物。"

王秀兰："我也是想孩子生日时送给他。"

销售员："他一定会很开心的。您买这套书既送了孩子礼物，又送了孩子知识，一举两得啊。"

王秀兰："嗯，那给我拿一套吧。"

情境分析

在上面这个销售案例中，销售员之所以能成功地打动王秀兰，就在于他将产品的优点以最吸引人的方式展示了出来，并且巧妙地把产品卖点转化为客户的利益。很多情况下，如果销售员所做的产品推介正好能契合客户的利益，他们自然而然就会产生购买欲望，而不需要销售员再花费过多的力气。

销售心经

客户的利益很重要，但是销售员不是一开始就能了解客户的利益的，这个时候就需要慢慢提问。还有一种情况就是，对于销售员所销售的产品，客户根本就不喜欢或他根本就没有意识到自己是否需要此产品，这时候，销售员就要学会将客户的潜在需求激发出来，促进销售的进程。销售员一般应该从哪些方面入手呢？

1. 造型卖点

产品造型对于客户有很大影响。因为客户接近销售员，接近产品，第一眼看到的往往是产品的造型。比如一款手机的造型就可能左右客户的选择。

2. 功能卖点

在与客户沟通时，销售员要听清客户最想要的功能，针对这个点来进行推销；如果客户没有这方面的要求，则要突出产品的多功能性。同样价钱的产品，客户出于贪便宜的心理会更愿意购买功能多一点的产品。

3. 价格卖点

在价格领域，销售员要针对目标客户，因人而异。有的客户想要便宜和实惠，而有的客户会比较倾向于"高大上"，喜欢价格比较高的产品。

4. 质量卖点

在与客户沟通时，销售员要在产品的质量和档次上多花点时间。大多数客户对产品的质量都很重视。这个时候可以出示一些"证据"，比如产品的质检报告等。

5. 服务卖点

产品的售后服务客户也很看重。特别是大型的家用电器，客户不仅关心产品的质量和功能，而且更关心产品的售后服务。

销售精英小贴士

要想成功地打动客户，销售员就要将产品的优点以为客户好的方式展示给客户，巧妙地把销售产品转化为销售客户的利益。

自私之心：客户只关心自己的利益

销售箴言

无论什么时候，客户最关心的始终都是自己的利益。

客户都有自私之心。事实上，关心自己本来就是一种本能。在产品销售的过程中，客户花费了金钱去换取产品，自然会关心自己的需要是否被满足，销售员的介绍是不是能够打动自己，有没有虚假的成分，会不会损害自己的利益，销售员一定要明确这些。

情境再现

案例一

销售员："先生您好，请问您需要哪些帮忙？"

客户："我想看看手机。"

销售员："那您可以看看这一款，这是店里最受欢迎的机型，我们卖得非常好。这款手机是……"

客户："听起来还行，待机时间有多长？"

销售员："先生您还真是问到点子上了，这款手机相较于其他手机来说待机时间稍短些，一般 1～2 天，但是这么大的耗电量是为了支持手机的其他功能，这款手机功能很多，可以满足您的各方面需求，比如，它可以拍照，高像素的摄像头让画面十分清晰，还可以上网聊天、玩游戏，音质也特别好……"

客户："功能是不少，但是待机时间好像有点儿短。"

销售员："先生，它待机时间相对短点，但是功能强大，同类手机一般都没有这么多的功能，一机在手，很多问题迎刃而解。手机的待机时间短，我们可以再赠送您一块电池，这样您就可以放心使用了。"

客户："还加送一块电池？"

销售员："是的，为了答谢客户和弥补这款手机的问题，我们现在对于每位购买这款手机的客户都赠送一块电池。"

客户："嗯，那我就买一部吧。"

案例二

客户需要一台冰箱，他走到一家品牌的冰箱展台前，销售员王明热情地迎了上来。

王明："先生您好，欢迎您的光临，您需要一台什么样的冰箱呢？"

客户："嗯，我先随便看看。"

王明："先生，我为您推荐一款冰箱。您看，这款冰箱外观时尚，功能齐全，它在我们店里的销量遥遥领先。"

客户："嗯，看着还行，一天的耗电量是多少？"

王明："我们这款冰箱的耗电量是每天 1.8 度电。"

客户："这也太费电了吧？大部分冰箱一天的耗电量都在 1.6 度左右，你们这个太多了。"

王明："先生，您真是博学，这些常识您都知道，看来您还真是行家呀。"

客户："哈哈，过奖过奖！"

王明："先生，是这样，我们冰箱的耗电量大主要的原因是，我们的冰箱平时运用的时候可以自动储存一些能量，这样如果突然断电，还能够保持两天左右的正常运转。这样的功能在当今的市场上可是很少见的，这也是我们最新研究出来的技术。除了这点外，这款冰箱的优势还有……"

客户："哦，这样啊，听起来好像不错呀，可以考虑看看。"

王明："先生，这个您完全可以放心的，一般的冰箱整机保修都是 1 年，而我们的冰箱整机免费保修 1 年半。这样对您来说，远远比购买别的冰箱要划算得多，您说对吧？"

客户："确实不错呀，真的有免费 1 年半的保修吗？"

王明："您放心，如果您购买了这款冰箱，稍后我就会为您开具保修单。"

客户："嗯，不错，我就买这台吧。"

王明："嗯，好的，先生这边请。"

··

![情境分析图标] **情境分析**

第一个案例中，客户关心的利益是手机的待机时间。就算销售员再度强调手机的功能强大，如果没有说到待机时间短这个问题的解决办法，客

户也是不会买的，毕竟客户关心自己的利益；案例二中销售员王明围绕客户的需求来推荐冰箱，当客户提出耗电量大这个缺点时，王明适时地突出自己产品可以储蓄电量，并且保修期长的特点，迎合了客户的其他利益，让客户最后下定决心购买。

销售心经

客户都有自私之心，所以不管销售员说得多么好，如果没有满足客户的需求，再好的产品也卖不出去。那么，销售员应该怎么做呢？

1. 将产品介绍与客户的需求连接起来

客户最关心的是产品对自己的利益和好处，而不是产品的特点。因此，销售员介绍产品时要让客户听起来舒服，必须要能满足客户的需求。销售员要让客户从自己的介绍中了解并加深购买产品能为自己带来的好处，这样才能打动客户。

2. 让客户说出自己的期望

虽然客户一直在拒绝购买，但是这并不意味着销售员的产品达不到对方的理想要求。聪明的销售员会暂时不考虑客户提出的理由，而是想办法让客户说出他们的期望。如果客户愿意开口说出自己的期望，那么销售员就可以针对客户的期望来销售自己的产品。

3. 介绍产品时强调产品能够切合客户的利益

客户并不想了解产品所有的特点和功能，但是对能够帮自己解决目前问题的功能却十分感兴趣。销售员应在介绍产品时强调产品能够切合客户的利益，把销售重点放在关注客户的痛苦或渴望解决的问题上，引导客户购买产品。

销售精英小贴士

> 销售是压抑自己迎合客户的一项举动。客户有自私之心，销售员要给予理解，并且利用这点换位思考，围绕客户的利益来销售产品。

利他之心：让客户赚钱，你也一定能赚钱

销售箴言

销售员如果能让客户赚到钱，客户就能够让销售员赚到钱。

很多客户常常"利"字当头，很注重销售员带来的产品能够带给自己多少利益。对于这种情况，销售员要有利他之心，站在客户的角度来进行销售。如果销售员的产品能够给客户带来相关的利益，那么，客户也没有道理不喜欢销售员的产品，销售员就可以很容易地把产品销售出去。

情境再现

乔·吉拉德刚从事汽车销售时，像所有其他员工一样，有一个月的试用期。可是，29天已经过去了，乔·吉拉德连一辆车也没有卖出去。

在最后一天，一串铁器的响声传进了乔·吉拉德的耳朵里。他抬头一看，发现一个卖锅的男人身上挂满了锅，冻得浑身发抖。这个男人用颤抖的声

音问他："先生，您要不要买一口锅？"

乔·吉拉德看到这个男人比自己还落魄，于是就请他坐到店里取暖，并且递上了一杯热水，两人开始聊天。

乔·吉拉德问道："如果我买了你的锅，接下来你会怎么做？"

男人回答说："继续赶路，卖掉下一口锅。"

乔·吉拉德又问道："全部卖完以后呢？"

男人爽快地回答道："回家再背几十口锅出来接着卖。"

乔·吉拉德继续问道："如果你想使自己的锅越卖越多，越卖越远你该怎么办？"

男人回答道："那就得考虑买部车，不过现在买不起。"

就这样，两人越聊越投机。最后，这个男人订了一部车，定金是一口锅的钱，提货时间是五个月以后。

当乔·吉拉德把这张订单交给老板时，老板决定将他留下来。从那以后，乔·吉拉德一边卖车，一边帮助卖锅的男人寻找市场，卖锅的男人生意也越做越大。3个月以后，卖锅的男人提前提走了一部送货用的车。在后来的15年，乔·吉拉德卖了1万多部汽车。

··

情境分析

在上面这个销售案例中，销售大师乔·吉拉德成功的秘诀，一个是坚持，一个是保持利他之心。乔·吉拉德通过闲聊，说服了卖锅的客户买车，之后还帮助客户拓展业务，让客户能够尽早提车。卖锅的客户最后赚到钱，买了车，乔·吉拉德的销售也越做越好。

销售心经

想要和客户形成"双赢"，最重要的一点就是要有利他之心。那么，在销售沟通的过程中，如何做到这点呢？

1. 了解客户需要的是什么

想要做到利"他"，首先要知道"他"在想什么。销售员可以把自己放到客户的位置上，在和客户聊天的过程中，体会客户真正需要的是什么。而不是一味地站在自己的位置上思考，迫切地要把自己的产品卖出去。

2. 让利给客户

抓住利益就等于是抓住了客户的心。销售员在对待客户的时候，最能体会到真诚之心的，就是让利给客户，给客户提供利益。

3. 为客户服务

想要和客户"双赢"，就要注意销售过程中的诸多细节。为客户着想，服务好客户，与客户保持良好的关系，销售员也会受益。

销售精英小贴士

光凭优质的产品是不足以打动客户的。销售员还要有优秀的人品，这样客户才会安心地同销售员建立起信任，因此，利他之心必不可少。

从众心理：让客户跟风购买

销售箴言

客户都有从众心理，适时引导能够水到渠成。

客户都有这样的"毛病"，在看到大部分人都在购买某种产品时，就会产生好奇，进而产生一种虚假的心理需求，这就是从众心理。从众心理会对客户进行影响及暗示，让客户自己觉得需要这种产品，从而跟风购买。销售员可以利用客户的从众心理，来更好地销售。

情境再现

化妆品专卖店的销售员丽雅约了一个客户来店里做免费水疗。下午的时候，这位客户到了专卖店，发现专柜前面有很多人在排队，不知道在做什么。

丽雅："您来了啊，这边请。"

客户："好。哎，丽雅，前面那些人怎么都在排队呀？"

丽雅："您还不知道啊。今天我们的××精华液在做促销，成套购买七折优惠，还有试用装赠送。这款精华液是我们的明星产品，很多人用了都说好呢。这不卖得都断货了，大家都在排队预订呢。"

客户："这么火呀！真的很有效果吗？"

丽雅："那当然了，群众的口碑才是最重要的，要不一会您问问那边的女士，效果肯定没得说啊。您看那个穿蓝衣服的于姐，看上去她皮肤很细嫩吧，您肯定看不出她今年已经40岁了。"

客户："哎哟，还真看不出来。"

丽雅："您想要我可以直接给您预订上，您看是否先定上，我们再做水疗？"

客户："好的，我就不用排队了。"

丽雅："那您是要单装的，还是套装的给您七折优惠的呢？"

客户："要套装的吧！"

丽雅："好的，我这就给您预订，明天就能到货。"

情境分析

在上面这个销售案例中，销售员丽雅利用客户的从众心理，成功地销售了一套精华液。很多客户都比较相信群众口碑，如果有什么产品特别抢手，很容易引起他们的好奇心，这个时候销售员再进行销售，就十分容易了。

销售心经

在生活中，其实"从众"行为很普遍。某家商场门前如果排起了长队，人们常常会想着过去看看，有些还会加入队伍一起购买。那么，作为销售员，应该如何引导客户的"从众心理"呢？

1. 使客户有模仿的欲望

从众行为是从模仿开始的，作为被模仿的对象，一定要有让别人模仿的欲望。比如，领导人、著名演员、明星企业等。

2. 向客户列举具有说服力的老客户

客户虽然有从众心理，但是如果销售员列举的成功例子不具有说服力，那么客户也是不会为之动容的。所以，销售员要尽可能地以那些客户熟悉的、比较具有权威性的、对客户影响较大的老客户作为举例对象。

3. 通过情绪感染与循环反应来影响客户

事实证明，客户是比较容易受到销售员的情绪感染的，情绪感染常常会对别人做出暗示，比如，暗示产品多么受欢迎，借此引发共鸣。

4．用群体行为感染和促进客户的购买行为

如果有特别多的人聚在一起，这本身就是一件很有蛊惑性的事。销售员可以用这个办法引起客户的好奇心，促进客户的购买行为。

引导从众心理常用沟通技巧示例：

"很抱歉，女士，您看的这款产品现在缺货，不过再过两小时就能到货。要不等到货的时候，我先帮您留一件，或者您先去转转，两小时以后再过来？"

"这件产品今年卖得特别火，著名演员××也很中意这一款，前两天还在我们专柜买了一套呢。"

"王总，您要是再不抓紧做决定可就没了，这一会工夫就已经卖了十几套了，现在只有我手头上这两套了。"

"王总，在您这个行业，有半数以上的公司都在使用我们公司的产品。"

客户的从众心理虽然比较好引导，但有的时候引导过度，也会适得其反。那么，引导客户"从众心理"有哪些需要注意的呢？

1．要针对目标客户

这种方法一定要针对目标客户，但是对于一些追求个性、喜欢自我表现、标新立异的客户就不适用了。这种从众反而会打消这些客户的购买欲望。

2．要用数据和实例说服客户

数据和实例对于客户来讲更有说服力，所以要用这些实实在在的东西去告知客户"潮流和趋势"所在，如果不赶紧购买，就会与"潮流和趋势"失之交臂。

3．保证产品的质量是必要前提

好的产品质量是利用客户从众心理的前提。销售还是要以质量赢得客户，而利用从众心理只是吸引客户的一方面而已，如果客户购买产品后发现质量不过关，那么他是不会再次上当的。

销售精英小贴士

> 从众心理促成交易是利用客户之间的相互影响来说服客户。客户会产生从众心理，是因为客户想要寻求一种社会认同感和安全感。某些时刻，客户因为一些原因对产品犹豫不决，这个时候引导客户的从众心理，就能提高销售的成功率。

虚荣心理：让客户心里偷着乐

销售箴言

把客户的虚荣变成自己的业绩。让客户购买产品并且心理愉悦。

客户在购买产品时常会表现出一定的虚荣心，这个虚荣心包括人们渴望自己的身份、地位、财富、美貌、学识等得到他人认可及赞扬的心理。作为销售员，不妨利用客户的这一心理来促成交易。

情境再现

案例一

李莎莎是一家高档男性服装专卖店的销售员。有一天，有位客户选中了一套西装，但总是在嫌价格太贵而迟迟没有付账。李莎莎看到了这种情形，便微笑着说："先生，这可是名牌西装，自然会贵一些，但相对于您来说，这应该不算贵。一看您这身打扮，就知道您是一位成功人士。像您这样的身份，只有这个档次的衣服才配得上您的气质啊！"那位客户听到这里，便不再讨价还价，而是笑呵呵地付了账。

有一次，有位客户嫌衣服的颜色太深，有些犹豫。李莎莎脑子一转，马上就说："颜色深能显成熟。要知道成熟美可是男性'综合魅力'中最耀眼的闪光点哦！刚才已经有好几位大老板买了这个款式和这种颜色，前几天，附近那个大公司的老总就挑走了一套这样的。"客户听后马上选择了购买。

还有一次，有客户嫌衣服颜色太浅。李莎莎就说："浅颜色能显得人朝气蓬勃，充满活力，给人一种帅气冲天、魅力四射的感觉！"客户被夸得很不好意思，最后选购了这套衣服。

李莎莎总是能够抓住客户的虚荣心，给足客户面子，让客户心甘情愿地购买。

案例二

保险销售员彭佳有一个客户很喜欢别人奉承她，在这个客户有意向买一款低级别保险的时候，彭佳决定试试，看能不能让客户买一个安全系数更高、保额也更高的产品。

彭佳："冒昧问一下您现在开的是什么车？"

客户："我开的是丰田。"

彭佳："现在能有丰田已经很不错了，但我还是希望您能早日开上较高级别的汽车。"

客户："谢谢您。"

彭佳："不客气，不过您现在还没开上较高级别的汽车，但是您可以购买一款较高级别的保险，您也知道，房、车、保险是现代成功人士的标志，少了其中任何一样都不行。"

客户："还有其他较高级别的保险？什么保险呢？"

彭佳："这种保险是保险中理赔较多的，保险费用虽然高，但是这个保险买的就是'放心'两个字，即使有什么意外发生的话，也能更好地保障您的利益。同时，买这种保险也是一种成功的体现，只有较成功的人士才会买这种保险。"

客户："那我也考虑买一份这种保险吧。"

情境分析

案例一是我们生活中比较常见的例子，销售员要学会赞美客户，李莎莎在抓住客户心理、赞美客户这方面做得就很出色，她一定是店里业绩最好的销售员；案例二中的销售员彭佳做得也很好，她发现了客户的虚荣心，为客户提供了更高额的保险，与客户实现了双赢。

销售心经

虚荣不是一个纯粹的贬义词，想得到别人的认同是一种很正常的心理，就算是销售员，也是有一定的虚荣心的。利用客户的虚荣心理常常会起到很好的销售效果，那么，销售沟通过程中如何运用好客户的虚荣心理呢？

1. 善于发现这类客户

客户的性格是多种多样的，虚荣心较强的客户在其中比较常见。销售员要注意观察客户的言行举止，善于发现这一部分人。虚荣心强的客户即使对销售员的产品不感兴趣，在销售员的夸赞下，也是有可能"掏腰包"的。

2．及时满足这类客户的虚荣心

如果客户希望得到销售员的赞美，销售员就应该及时地赞美他几句；如果客户想要最贵的产品，那销售员就推荐给他最贵的产品。客户的虚荣心得到满足，销售的过程也会更加顺利。

3．对这类客户也要真诚对待

千万不要因为客户有较强的虚荣心，就认为他们肤浅，是"冤大头"，这类客户对别人如何看待自己是很敏感的，销售员要尽量真诚、诚恳，而不能虚情假意，否则客户只会觉得浮夸、做作，还有可能起到相反的效果。

销售精英小贴士

真诚地赞美一个人是一种美德。面对虚荣心强的客户，要善于发现他们的优点，满足他们的虚荣心。

安全心理：没有人不害怕上当受骗

销售箴言

没有人不害怕上当受骗，想要成功销售，就要给客户"安全感"。

现在的客户防备心理很重。一些客户因为害怕上当受骗，对销售员十分抵触。误会源于彼此间的不了解。如果销售员能让客户了解产品，给客户安全感，那么这个销售的过程也就能够顺顺利利了。客户有安全的心理需求，那么销售员就要让客户感觉到安全。

情境再现

销售员黄衍是一家宝马4S店的销售员，这天，黄衍正面带微笑，热情地接待一位买车的客户。

黄衍："先生您好，有什么我能帮忙吗？"

客户："我想看看车，但是你知道，现在车型比较多，不好挑选，而且，交通事故近几年高发，我总是怕买不到质量好又中意的车！"

黄衍："我来给您详细介绍，待会您还可以亲自试驾我们的车，我们车的优点是……"

客户听完介绍后试驾了一下，感觉比较满意。

黄衍："您可以尽情想象：在一个凉风习习的黄昏，您驾着这辆车驰骋在滨河大道上，无尽的美景尽收眼底，车内音乐和缓、空气清新，车载冰箱里装满了美食。身边还坐着爱人和孩子，你们一起共享生命中最浪漫的时光。而这辆车就像您最喜爱、最忠诚的爱犬一样，始终陪伴您左右……"

听黄衍的一番述说，客户感觉描述中的世界那么和平、美好，更加喜爱这辆车了。见此情景，黄衍马上趁热打铁地说："先生，如果我是您，我将会尽快开启这段美妙的旅程。而且，今天正是出行的好日子，何不趁这个机会一会儿就去兜兜风呢！"

就这样，本来还在几个汽车品牌之间犹豫的客户，在试完这辆宝马车后就爽快地从黄衍这里买了车。

情境分析

在上面这个销售案例中，销售员黄衍通过听客户的述说，意识到这位客户对新车没有安全感，于是为了消除客户的紧张情绪，他通过试驾的方法让客户感受新车的优势性能，还在试驾完之后描述了一幅轻松的美景。客户最后放下心理压力，终于不再犹豫，爽快签约。

销售心经

没有人不害怕上当受骗，没有人愿意自己的劳动所得最后打了水漂。因此，在购买产品的时候，客户常常小心翼翼，就怕买了之后心里后悔。那么，销售员如何才能给客户"安全感"，消除客户的疑虑呢？

1. 销售员主动说出产品的缺点

这是销售中给客户安全感的一种方法。销售员直接对客户说出产品的缺点，这比客户提出来要好得多。首先，这样客户会对销售员产生一种信任感，觉得销售员没有隐瞒产品的缺点，是个诚实的人，愿意与销售员进一步交流。其次，客户会觉得销售员很了解他，把他想问而未问的话回答了。

2. 让客户现场亲眼看一看

人们都有"耳听为虚，眼见为实"的心理。特别是销售员说得天花乱坠，客户常常会表示怀疑，不会完全信任销售员，但如果客户在现场亲眼看到产品的效果，他就会相信了。

3. 让客户亲自动手试一试

有的时候仅仅让客户当看客，客户还是不会相信。这时，销售员应该请客户亲自来试一下，客户亲手体验过，疑心也就完全消除了。

❓销售精英小贴士 ——————————

　　没有安全感的客户占社会很大的比例。因此，销售员要更加充实自己，更加了解产品，为客户营造一个安全的氛围，让客户下定决心，消除疑虑。

猎奇心理：设置悬念，吊起客户的胃口

销售箴言

　　抓住客户的猎奇心理，吊起客户的胃口，销售员就成功了一半。

　　大多数的人都有一种猎奇心理。客户也是如此，有悬念，吊人胃口的事情常常会引起客户的关注。一旦客户关注了，了解了，就可能想要了，进而购买。因此，抓住客户的猎奇心理，也是一种很好的销售方法。

··

情境再现

案例一

　　熙熙攘攘的公交车站，有很多人在等车，卖报的李平走过来对着等车的人高喊："卖报！卖报！一元钱一份！"连续喊了几遍，都没有人买报。站台上的人还是各自做着各自的事情，有的玩手机，有的聊天。李平看到没有人买就向下一个站点走去。

不一会儿，王平也来这边卖报，他对着等车的人高喊："最新消息！出租屋大火致死七人，其中两人踏空坠楼，事故原因还在调查，具体详情请看报！"这样的信息引起了很多等车人的好奇，人们纷纷掏钱购买报纸，很快王平手里的报纸就销售一空了。

案例二

防摔安全杯的销售员李超在每次拜访客户时总是带几个样本。

一次李超去拜访一家企业的老板，他简单做了自我介绍，接着就装作一不小心摔了样本杯子，只见桌子很高，而杯子一点事也没有！李超抱歉地对客户说："真不好意思。没吓着您吧？"客户并没有在意李超的话，反倒对杯子产生了兴趣，问道："这是什么杯子，摔在地上好像一点事儿没有啊？"

李超赶忙接过话茬儿："您看，这是我们公司的防摔杯子。"

这时客户的注意力完全被杯子吸引了，他拿过杯子不停地翻看着，并询问了很多问题，最后双方顺利签约。

情境分析

案例一中，王平通过描述精彩的报纸内容，成功地吊起了等车群众的胃口，激发了他们的兴趣，最后卖出了所有的报纸；案例二中，销售员李超的成功之处也在于通过假装碰掉产品，而产品完好无损，激发了客户的猎奇心理，从而很轻松地打开了销售局面，签下了合约。

销售心经

客户都有猎奇心理，如果设置好悬念，吊起了客户的胃口，后面的销售就容易做了，那么猎奇心理应当如何激发呢？

1．用问题勾起客户的好奇心

好奇心是客户的本能，不了解、不知道、没见过的东西常常会吸引人们的注意。在开场时销售员可以利用一些问题充分调动客户的好奇心，让客户产生兴趣。当然，销售员所提出的问题一定要有吸引力，要新颖独特，充满悬念。

2．用神秘的语言刺激客户的好奇心

虽然不是所有的客户都有强烈的探寻心理，但偶尔听到神秘的语言，也会产生一定的好奇心。如果销售员掌握了一些制造神秘气氛的技巧，也可以以此来激起人们的好奇心理。

3．产品展示激发客户的好奇心

销售员把某些产品的优势展示出来就能很快激发客户的好奇心。客户认可产品，对产品产生好奇心，那么客户就会想更多地了解产品，这有助于销售的成功。

4．借助第三人激发客户好奇心

借助第三人激发客户好奇心是指在开场时销售员提及与客户相关或客户关注的第三人来吸引客户的注意力，从而吸引客户。

5．用钱吸引客户

如果拿到订单的前提是销售员的产品或者服务能够带给客户利益，能够让客户赚钱，这一点本身也可以吸引客户的注意力，满足客户的猎奇心理。

？销售精英小贴士

销售也可以变为一件猎奇的事情，如果销售的一开始便能够留有悬念，吊起客户的胃口，那么后面的销售过程就会既精彩又顺利。

占便宜的心理：给客户小恩小惠别吝啬

销售箴言

给客户占点小便宜，销售员能赢得大利益。

客户都爱占小便宜，毕竟每个人都希望得到"免费的午餐"。很多情形下，客户关注的不是"小便宜"能够带来多少利益，而是在占到"小便宜"后会觉得赚到了，十分开心。在销售时，销售员不妨满足客户爱占便宜的心理，给客户一些小恩小惠，让客户买得开心，自己也赚得开心。

情境再现

案例一

李伟在电子产品专卖店做销售员。

一次，一位客户到李伟的店里购买 iPad。双方经过一番讨价还价，客户有些累了，就坐下来喝杯茶。这时，他才发现茶的味道非常好，便忍不住问李伟："这杯茶里用的是什么茶叶？"这时，李伟拿出了一包茶叶慷慨地送给了客户。客户意外得到李伟的馈赠，觉得占了便宜，十分爽快地交款了。其实，李伟早已买好了很多茶叶存在店里。

如果客户是带着孩子一起来的，那么销售员可以送的东西就更多了，比如，毛绒玩具、小气球等。

但是，李伟并不会主动送东西给客户，而是当客户看中了店里的某一样东西提出要求时，他才非常"慷慨"地送给客户。

李伟就是利用这种馈赠，积累了不少人气，销售业绩做得非常好。

案例二

有位客户到超市买东西，可是在蔬果区看来看去，就是找不到想要的东西。负责这个区域的销售员小梅上前询问。

小梅："您好，有什么需要我帮忙的吗？"

客户："我想买半棵白菜。"

小梅："抱歉，咱们超市只卖整棵的。"

客户："可是，我只需要半棵白菜！"

小梅没办法只好跑到经理室报告："经理，外面有一个客户硬要买半棵白菜……"

经理："那就卖一棵给她啊。"

于是小梅便走到客户面前对她说："还是给您一棵吧，我只收您半棵菜的钱。"

客户："那半棵就当送我了。下次还来你们超市。"

自此以后，这位客户就一直在这家超市购物，买菜都从小梅这边买。

∙∙

情境分析

案例一中，销售员李伟运用客户喜欢占小便宜的心理，哄得客户十分开心，销售做得非常好；案例二中，销售员小梅通过送半棵白菜给客户一些"小恩小惠"的方法，最终收获了一个超市忠实买家。

销售心经

客户都有占便宜的心理，研究表明，客户并不看重那点"便宜"，而是在意一种"惊喜"。让客户占点小便宜可以给客户带来受重视的感觉，客户对销售员的好感度也会提升。有时候尽管是一些微不足道的东西，然而客户十分开心。当然，利用客户占便宜的心理进行销售也不是百无禁忌的，那么在销售沟通过程中销售员要注意哪些呢？

（1）一定要在适当的时候让客户意识到自己占了便宜，如果客户觉得这个实惠是理所应当，那么销售员的付出就白费了。

（2）对于小恩小惠不能吝啬，但是对于优惠策略也不能太过频繁，否则客户就不会认为这是难得的机会，也就不会珍惜了。

（3）满足客户贪小便宜的心理要投其所好，要注意保证销售员所给予的"便宜"正合客户的胃口。

销售精英小贴士

有的时候，销售员也会遇到一些得寸进尺的客户，占了小便宜还想占大便宜。当销售员发现对方有这种倾向时，最好马上打消这种不切实际的想法，可以说："公司有规定，我不能这样做。"

第四章

沟通礼仪：礼节滴水不漏，客户自然满意

不懂礼仪就很难做好销售。没有人愿意与一个衣着怪异、态度傲慢、言语粗俗、缺乏教养的人交往。对于客户而言，如果销售员衣着得体、举止优雅、言语礼貌、礼节周到，就容易心生好感，产生信任，愿意与之打交道，做交易。所以，销售员必须要注重礼节，并做到滴水不漏、周到细致。

给客户良好的第一印象

销售箴言

　　良好的第一印象是销售的基础。如果客户喜欢销售员，那销售员就成功了一半。

　　人际交往过程中最初的 4 分钟，是印象形成的关键时期，在这一时期形成的印象对一个人感观判断的影响大概占 75%，这就是著名的首因效应。在销售沟通中，不管销售员给人留下的第一印象是不是真实的，客户以后都很难改变对销售员的看法，而且客户都会不自觉地为自己的想法找各种依据。因此，销售员有必要重视留给客户的第一印象。

情境再现

　　案例一

　　周末，保险销售员李一衡去拜访客户，他戴着墨镜，敲了敲小区一位住户的门。

　　客户："请问您是……"

　　李一衡并没打算拿下墨镜，而是直接从口袋里摸出一张名片，说道："我是保险公司的销售员李一衡。"

　　客户看起来正在收拾屋子，脾气也不错，她接过名片看了看，确认了李一衡销售员的身份。但对李一衡的行为不太喜欢，于是说："抱歉，我还没有买保险的打算。"

　　客户说罢便要关门，但李一衡不肯放弃，在门快要掩上的一刹那，他用一只脚卡住门，挤了进来。李一衡打量了下四周："你家里装修得真不错，真让人羡慕。可是万一要是遇上盗贼呀、火灾等，那可就完了，所以我劝你买这份保险……"

客户越听越生气："光天化日之下，你闯进我家也就算了，竟然还诅咒我，你要再不出去我就报警了！"于是，李一衡被轰了出去。

案例二

沈杨是一个刚出大学校门不久的销售员，他在工作上认真负责、热情、自信；外表帅气，还留着一头飘逸的长发。他推销的产品质优价廉，但不知为何，他的销售业绩却总是上不去。看着同事们一个个拿着厚厚的订单，他非常苦恼和迷茫。无奈之下，他找到公司经理寻求答案。

经理听了他的烦恼，笑着拍了拍沈杨的肩膀，说："小沈啊，其实问题就出在你的发型上！在销售工作中第一印象是成功的关键。我们现在面对的是商务人士、白领精英，他们有着高端的品位和独特的内涵，留长发只会让他们觉得你这个人不可靠、过于张扬，进而对你的产品产生抵触情绪。"

听到这里沈杨恍然大悟，回去就将自己的头发剪成了精干的小平头。从那以后，随着沈杨个人形象的改变，他的业绩也节节攀高。

情境分析

案例一中，销售员李一衡很多不礼貌的行为引起了客户的反感，因此没有推销成功反而被轰了出去；案例二中，沈杨也因为长发给人的第一印象太张扬，因此导致业绩不好。可见，作为一名销售员，给客户一个良好的第一印象是十分重要的，不管是外貌、说话语气都需要注意。

销售心经

曾经有过这样一个实验，让水平相同的销售员去推销同一件产品，只是这两个销售员在形象上有所不同。结果，容易给人留下好印象的销售员销售成功，而另一名销售员却遭到了冷遇。由此可见，第一印象影响着销售的成败。那么，一个销售员，怎样做才能给客户留下良好的第一印象呢？

1．守信守时

守信守时是一种基本礼仪，包括按时赴约、交货、完成项目、兑现承诺、准时参加会议，等等。现实中，如果销售员不守信守时，会让客户心存疑虑，甚至对其失去信心。

2．注意衣着打扮

销售员的打扮要符合专业销售员的要求，尽量整洁精神，切忌奇装异服，不伦不类，以免给客户留下张扬、不可靠的印象。

3．言谈举止要彬彬有礼

（1）使用正确的称谓。

（2）握手时应注视对方、面带微笑、用力适当。

（3）自我介绍要得当，尽量简明扼要。

（4）在与客户交谈时，应多使用敬语、谦辞，如"请""您""打扰""请教"等。

（5）注意自己的体态语言，包括面部表情、眼神、姿态、手势、身体动作等，要给客户展现出自己的最佳状态。

（6）请客吃饭要文明，销售员不应在餐桌上狼吞虎咽、脏话连篇、口若悬河，更不要喝醉酒。另外，喋喋不休谈无关紧要的话题、当着客人的面付款都是不礼貌的。

4. 用微笑拉近彼此的距离

微笑可以让人看起来亲切，容易接近。所以，与客户见面、交流的时候，一定要学会用微笑来拉近彼此的距离。这样客户才更愿意与销售员继续交流下去。

销售精英小贴士

客户对销售员的心理评价75%都来自第一印象，所以销售员一定要打造好自己给客户的第一印象。这是销售成功的基础，也是销售成功的关键。

注重与客户见面打招呼的细节

销售箴言

在销售中，见面打招呼看似简单，实则很重要，有许多讲究。

很多情况下，销售员都是和完全陌生的客户打交道。因为彼此并不相识，因此想要交流下去，就必须给客户留下一个好的印象。打招呼是交际的第一步，如果这一步完成得好，客户就会对销售员感兴趣；如果完成得不好，后面的销售工作就很难开展。因此销售员在打招呼的时候，切勿触碰一些禁忌，以免造成尴尬。

情境再现

在咖啡厅里，一位衣着华丽、气质优雅的女士正在喝咖啡，这时候，销售员李丽很有礼貌地走到近前。

李丽："您好，我可以坐在这里吗？"

女士看了一下李丽，没有说话，只是轻点了一下头。之后她们展开了对话。

李丽："今天的天气真不错，阳光明媚。"

女士："嗯，我也觉得。"

李丽："可能这话在您听来有些突兀，但是我还是想说，您的这身服装真的很赞，搭配起来十分符合您的气质。让我在不知不觉间就注意到您，您的这身服装价值不菲吧？"

女士："这是前段时间我先生从英国为我带回的礼物，这身衣服我也非常喜欢。"

李丽："怪不得，你们真恩爱，看来您的生活一定很幸福吧！"

女士："嗯，我觉得自己很幸福……"

李丽："那您想不想让现在这种幸福更有保障呢？"

女士："这话怎么说？"

李丽："是这样的，女士，我是保险公司的一名销售员，我们公司现在新推出了一项对客户非常有利的保险，它是一种可以让您的这种幸福持续下去的保障，您有没有兴趣听一听呢？"

女士："你说说看。"

李丽："这项保险是这样……"

经过一番讲解，最终李丽不仅成功地让这位女士购买了保险，而且还和这位女士成了好朋友。

....

情境分析

在上面这个销售案例中，销售员李丽之所以成功，就是因为招呼打得好，有一个好的开端。她很礼貌地询问："我是否可以坐在这里？"得到了客户的肯定后，通过天气、服饰等方面的寒暄，顺利打开了销售的局面。

销售心经

销售员常常免不了要与自己的客户见面。想要面谈顺利，在与客户见面打招呼的时候就要下功夫，多注重细节。具体来说，销售员要注意以下几个方面。

1. 营造良好的气氛

在打招呼的时候，销售员还要注意营造一个良好的气氛，比如适当地寒暄一下天气、服饰等，让客户先放松，为后面的销售打下一个良好的基础。

2. 打招呼要找一些有利的话题

与客户打招呼，常常要找一些比较有利的话题。比如，赞扬客户本人、公司或产品；利用最新的行业信息；客户的兴趣等。例如：

"张总，您气色真好。平常怎么保养的？"

"王总，看到您的员工都那么认真地赶工，您的生意一定很好！"

"李总，刚进来时看到你们厂房及设备都很先进，你们一定很赚钱！"

"赵总，上周六的那场球，您觉得哪个球员表现得最好？"

"马总，看到您的员工每个都面带笑容，想必你们的效益一定很好！"

3. 打招呼要注意眼神和表情

眼神能够传递人的感情，因此与客户打招呼时，要注意眼神的礼节，一般来说，与客户见面应该看对方脸上的三角部位，这三角部位是指以双眼为底线，上顶角到前额的范围，不能死死地盯着客户看，如果客户是异性，双眼和胸部周围等部位也是要注意，绝不能冒犯的。

在面见客户的时候，销售员要注意向客户展示自己的微笑，微笑要笑得亲切自然，又要有一定的感染力，微笑是一种身体语言，被誉为日本销售之神的原一平就有一张价值百万美元的笑脸。

销售精英小贴士

> 为了和客户达成统一意见，成功地把产品销售出去，销售员在一开始就要注意细节。打招呼是最初始也是最基本的重要环节。注重与客户见面打招呼的细节，有利于销售员后面对话的开展。

掌握宴请客户的礼节

销售箴言

> 掌握宴请客户的礼节更能体现销售员的素质，得到客户的认可。

细节决定成败。销售中，销售员难免会遇到宴请客户的时候。宴请客户不同于平时吃饭，宴会中常常会有一些宴会礼节，有很多销售员未能注意到这些礼节，导致客户误会销售员不尊重自己，造成了销售的失败。因此，销售员掌握宴请客户的礼节是很有必要的。

情境再现

李飞在一家中等规模的合资公司做销售，然而工作没多久，他就被分派到外地。这天，当他听说一家大公司有一个采购项目，于是联系这家公司的负责人进行面谈。初步交流之后，负责人对他也很有好感，于是，李飞决定好好宴请一下这位客户，然后在宴请的过程中争取成单。

这天，他换了好几次火车之后终于和客户见面，宴请开始之后他就开始向客户滔滔不绝地推销自己的产品，总是在用餐的过程中说话，并且吃饭时发出很大声音，客户对他的行为不动声色。

李飞："王总，听了我的产品介绍，您感觉怎么样？"

客户："听上去感觉还不错，这样吧，当我们公司有采购需要的时候我再通知你，你回去等我的电话吧。"

李飞："行，好吧，那我就先回去了！"

客户："好！"

李飞高高兴兴地辞别客户，觉得这个项目十拿九稳了，这可是个大单，他十分兴奋。

回到了公司，李飞就开始坐等客户的电话，可半个月都过去了，客户一直都没有再联系他。其他的同事帮忙追问原因，客户说："上个销售员从宴会礼仪来看，并不那么可靠，我怀疑你们公司的实力不像我想的那么强。"

情境分析

在上面这个销售案例中，李飞之所以失败，其原因就在于，初次拜访客户时，除了介绍产品，他还在宴请中犯了很多忌讳，影响了客户对自己的好感，导致客户对李飞所在的公司也不信任。作为一名销售员，李飞代表的是公司和产品的形象，如果宴请中不注意礼节，会降低客户的信任感，更别说对公司和产品的认同。

销售心经

宴请是销售过程中经常采用的一种交际方式。不同的宴会有着不同的作用，概括地说，宴请可以表示祝贺、感谢、欢迎、欢送等。销售沟通中，通过宴请，可以协调关系、联络感情，有利于促成合作。因此，销售员注意在宴请时的礼节也是十分必要的。

（1）销售员必须了解要宴请的对象、宴请的目的、宴请的形式，并选择合适的宴请地点。

（2）宴会上不要随便脱衣或解开衣服纽扣，如需宽衣，应征得对方同意。

（3）在点菜时，应考虑客户的饮食习惯，一定要先问过客户，不要自作主张。

（4）用餐时咀嚼食物要把嘴闭紧；喝汤时不可以发出声音；汤或菜太烫时不可以用嘴吹；在咀嚼食物时切不可与人说话或敬酒；用牙签时要用另一只手或者纸巾遮挡。

（5）在餐桌上尽量避免咳嗽、吐痰、打喷嚏、打饱嗝，如果忍不住，应起身到洗手间，万一来不及而失礼了，应该马上说"对不起"或者"很抱歉"。

（6）筷子的使用也有着一套礼仪规范：筷子不要握得太高或太低，上端露出手背 3 ～ 4 厘米较为合适；不要用筷子在菜盘里胡乱翻动；每次不要夹太多菜；不要在夹菜途中滴汤、滴水；不要用嘴吸吮筷子上的汤汁，更不能吮出声音；不要用筷子敲打盘碗；不要在说话时用筷子指指点点；不要在拿筷子的同时又持匙。

用西餐时需要注意以下几点：

（1）刀叉的习惯用法是左手持叉，右手握刀。必须是切一块吃一块，不要将盘中的食物全部切碎再吃。

（2）喝汤时的礼节基本上和中餐差不多，但是用汤匙的时候应该从里到外舀出，不可盛太满，不要让汤水滴下来。

（3）切牛排的时候应由外侧向内侧切，如一次未切下可再切一次，但不能像拉锯子似的来回切。此外，什么肉配什么酒都是有讲究的，点餐的时候一定要注意。

销售精英小贴士

礼节是销售中非常重要的一环，不懂礼节会在无形中破坏交谈的结果。对于宴会的礼节，销售员要融会贯通，在销售过程中，得体的礼节更能流露出端正的销售态度。

避免与客户在沟通中冷场

销售箴言

销售员要避免与客户在沟通中冷场，要勇于打破僵局。

销售是一个主动与客户沟通的过程。正因为是主动，所以不可避免地存在一些被不想购买产品的客户故意冷落的现象。很多销售员都会遇到这种情况。如果这个时候销售员不想放弃，就需要想办法打破局面，重新吸引客户的注意力。

情境再现

案例一

有一次，销售员赵伟在拜访客户的时候碰巧客户出去应酬，赵伟又没有他的联系方式，所以只能耐心等待。这时，客户的秘书出现在附近。她知道赵伟是个销售员，所以对赵伟很冷淡，离得很远并且故意不跟他说任何话，希望他主动离开。场面有点儿尴尬。赵伟在观察周围的时候，注意到秘书的手上拿着一本厚厚的畅销书。

赵伟："嗨，你的书拿反了。"

秘书抬头看了眼赵伟。

赵伟："开个玩笑，我也有这本畅销书，你看完了没有？"

秘书："正在看！"

赵伟："您觉得这本书有趣吗？"

秘书："一点儿也没有趣！不过快要看完了。"

赵伟："我也读了这本书，完全不是因为兴趣，而是为了学习知识。这种想法真是很无奈，就像我现在的工作一样。不过该做的事情总是要做，我再推荐给你几本既有趣又值得学习的书吧。"

秘书："我也是为了学习知识，你还有哪些书推荐？"

赵伟："我给你写下书名……"

秘书："非常感谢。哦，对了，您是来找我们老板的吧，嗯，刚刚我查了老板的行程表，他今天下午一点回公司。"

赵伟："谢谢！"

案例二

在一个周三的中午，销售员苏诚去拜访一位客户。来到客户公司后，客户给苏诚让了一个座，然后自己在远离苏诚的一个座位上坐下。苏诚一看客户的表现，立马就明白客户对自己的销售不感兴趣。如果此时自己硬要向客户推销产品，只会让客户觉得烦躁和反感。为了不一说话就冷场，苏诚决定先和客户聊聊其他有意思的事情。

这时，苏诚看到客户的办公桌上放着一本看了一半的《福尔摩斯侦探全集》，心里便有了主意。

苏诚："经理也喜欢福尔摩斯啊？我也是福尔摩斯的忠实粉丝。"

客户："哦？真的？你也喜欢福尔摩斯吗？"

苏诚："是啊，福尔摩斯非常聪明，看他的侦探小说总会让人受益匪浅。"

有了福尔摩斯这个话题，苏诚和客户逐渐熟悉起来，客户也重新在靠近苏诚的一个位子上坐下，对着苏诚侃侃而谈。最后，苏诚的销售计划顺利完成。

情境分析

这两个案例中的销售员都利用书来亲近客户，避免了谈话沟通中的冷场。当客户对销售表示抗拒，不配合销售员询问的时候，其实销售员自己也会觉得索然无味。如果还想要销售继续下去，销售员就需要动动脑子。如何完美地打开局面，需要销售员多观察、多思考。

销售心经

如果销售员在沟通的过程中遭遇了冷场，彼此都很尴尬，销售也会很难再进行下去，有的时候甚至不得不放弃，那么，销售员在场面冷下来无法继续的时候，应该怎么做才能让销售顺利进行呢？

1. 停止销售重新找个话题

与客户沟通的过程中，销售员和客户很容易因为观念或者其他问题不能达成一致，遭遇冷场。这个时候，销售员可以先停止销售，找一个双方都感兴趣的话题，让气氛重新融洽起来，和客户建立友好的关系，然后在销售方面循序渐进。

2. 增强客户好奇心

冷场的时候，销售员可以通过增强客户的好奇心来吸引客户的注意力，激发客户的购买欲望。比如，销售员向客户发问，让客户回答。总之，冷场的时候，销售员一定要警惕，适当变换自己的语言，以免后面的销售变得尴尬。

3. 利益驱动，让客户回到销售主题上来

客户都有求利心理，冷场的时候，销售员不妨换位思考一下，站在客户的角度来揣摩销售可以为客户带来哪些利益。从这些方面入手，吸引他们把自己的注意力重新放到销售上来，而不是不闻不问，让自己尴尬。

销售精英小贴士

销售员要避免在与客户的沟通中陷入冷场，从一开始就要把握好销售的节奏；如果冷场，也不要懊恼，要勇于打破这种局面，让销售继续进行下去。

谈话过程中要注视客户的眼睛

销售箴言

> 谈话过程中要注视客户的眼睛以示尊重。

怎样才能给客户留下一个好的印象呢？首先，在和客户谈话的过程中，销售员要自信，要注视客户的眼睛。如果低头，回避客户的眼睛，谈话过程中东张西望，会让客户有不被尊重的感觉，认为销售员没有耐心。当然，注视客户的眼睛千万不要直勾勾地盯着客户看，那样只会让客户不自在，销售员要把握好度。

情境再现

保险公司的销售员金博准备用上门拜访的方式开发新客户，这天，他来到了一个小区。敲门之后，开门的是一位三十多岁打扮时尚的女士。

金博："女士您好，我是专程来拜访您的，这是我的名片。"

客户确认了一下金博的身份，不带任何感情地说了句："进来吧！"

在沙发上坐下以后，金博看着客户的眼睛，简单地介绍了自己的业务。客户虽然对保险还是有些怀疑，但是看着金博的态度，也表现得不是那么冷淡了。

金博："这个小区里已经有很多户主在我这里买了保险，我们的信誉您大可放心，前几天这个小区的李老板也买了一份，有什么不放心的地方，您可以打听一下。"

金博态度诚恳，客户的眼神变得柔和了不少。

金博继续注视着客户的眼睛说："安全是件大事，特别是一个幸福的家庭，就更需要这样的保障了……"

金博并没有被一开始客户的冷淡吓到，而是自信地与客户对视，认真地为客户解答疑问。最后，客户决定购买他的保险，并且后来又给金博介绍了几位同事。

情境分析

在上面这个销售案例中，销售员金博之所以成功，就是因为他的沟通礼仪很好，取得了客户的信任。在沟通的过程中注视客户的眼睛，是最能直接让客户感觉到销售员的自信与真诚的。

销售心经

生活中，语言和表情都可能会说谎，但是眼睛很难。很多客户也坚信这一点。因此，销售员如果想要取得客户的信任，在沟通过程中就要注意注视客户的眼睛，具体应该怎么做呢？

1. 关于视线的位置

如果对方是男性，则集中注视的位置应是对方的鼻子附近；如果对方是未婚的女性，注视的焦点是下巴；如果对方是已婚的女性，注视的焦点应在对方的嘴部。当眼睛注视的范围扩大到对方的领结附近或者耳朵两边时，应停止再扩大。

2. 关于注视的时间

自己说话或者听对方说话时，可以不时注视一下对方的眼睛。在销售即将结束或者提出什么特别请求时，可把视线集中在对方眼睛上，这种轻轻地注视，会让客户产生亲切感，但不应注视太久。

销售精英小贴士

　　销售员在沟通的过程中，适当注视客户的眼睛，表示自己在听客户的谈话，会让客户感觉很高兴，但是，如果谈话过程中一直盯着客户看，客户可能会觉得销售员咄咄逼人，这种情况一定要避免。

贸然打断客户的谈话是大忌

销售箴言

　　打断客户的谈话，很可能也打断了一次成功的销售。

　　在和客户沟通的过程中，客户有可能会有很多不同的意见，有的意见甚至是与销售员的理念冲突的，在这种情况下，不管是客户还是销售员都可能会出现不耐烦的情绪。销售员因为想把自己的产品推销出去，让客户接受和认同产品，可能会出现贸然打断客户谈话的情况，这种情况是销售中的大忌。

情境再现

　　维修店的销售员小赵想给一家公司推销相关设备的维修服务，他拿到了客户的联系方式，给这位客户打电话。

小赵："马总，您好，我是维修公司的，在我给您打电话之前，我对贵公司顺便了解了一下，我发现贵公司都是自己维修出故障的设备，但是所花的费用却远比雇佣我们替您维修的费用要多，是这样吗？"

客户："是的，情况是这样的。其实说实话，我也认为这样不太合算。而且我承认请你们来维修这个主意不错，但是在技术方面……"

还没等客户说完，小赵急切地说："不好意思，马总，让我插一句。我想说明一点，任何人都不是天才，而维修设备有时是需要特殊的设备和材料的！"

客户："是的，这点我明白。但是你好像误解了我的意思，我是想说……"

小赵："其实我明白您的意思！但就算贵公司的员工再聪明，也不能保证在没有专业设备辅助的情况下，马上修整好设备的。"

客户有些不高兴了，说道："我觉得你还没有搞明白我的意思，我们公司负责维修设备的员工是来自……"

小赵："马总，稍等一下，我再说一句！如果您认为……"

客户："对不起，我并不这么认为，我还有些重要的事情要去处理，今天就谈到这里吧。"

说完，客户就把电话给挂了。当小赵再次给客户打电话时，却被前台挡了。原本有望成交的准客户，小赵却再也无法与他通话了。

· ·

情境分析

在上面的这个销售案例中，销售员小赵只坚持自己的想法，却没搞明白客户拒绝的原因。如果总是打断客户的讲话，强迫客户接受自己的观点，客户很可能就此产生抵触心理，把销售员拒之门外。

销售心经

有个销售员想跟一个销售大师学习，为了表现自己能说会道的天赋，他滔滔不绝地讲了很多话。待他讲完后，销售大师说："想要我指导你，你必须交双倍的学费。"听了大师的话，销售员很惊讶："这是为什么呢？"销售大师说："因为我首先还需要给你上另外一门课——怎么管好自己的嘴巴。"贸然打断客户的谈话，也是管不住自己嘴巴的一种，在销售沟通的过程中，随便打断客户的说话是一种禁忌。

1. 客户说话时不插话

作为一个销售员，除了能说，也应该会说。不乱插话是销售员的一个基本素质。销售员要注意倾听客户的想法，给客户更多表达意见的机会，这样才能真正了解客户的需求，从而抓住客户的心，促成交易。

2. 客户说话时不打断

优秀的销售员不会贸然地打断客户，特别是当客户想要解释相关原因的时候，贸然打断客户的说话会让客户十分难受，并且对销售员产生抵触的心理。销售员的正确做法是倾听客户的想法，当客户讲到停顿的间隙或要点，销售员要用点头、微笑、眼神示意等方式适当给予回应。尊重客户，客户也会对销售员报以尊重。

3. 客户说话时不揣测

很多销售员会"揣测"客户可能怎么想，用自己的价值观去判断客户的感受，并因为急于求证这些想法打断客户的讲话，引起客户的反感。销售员不应该对客户的话持有任何偏见，而是应该站在客户的立场上去思考，全身心地投入谈话的情境之中，对客户真诚以待。

销售精英小贴士

> 频繁插话、打断客户言论是销售的大忌，这既是对客户的不尊重，也会影响销售员抓不到销售的重点，无法引起客户的共鸣，直接导致销售的失败。

千万不要叫错客户的名字或职位

销售箴言

随便叫错客户的名字或职位，很可能影响到后面的销售。

每个人最喜欢听到的就是别人叫自己的名字。心理学家认为，当听到别人叫自己名字时，人的内心会产生被需要、被认同的喜悦感和满足感。反之，如果被叫错了名字，那个人的内心肯定会升起一种失落感。在销售的过程中，销售员常常会因为客户太多，没办法认清所有的客户，导致这种情况的发生。而叫错客户的名字或职位，很可能会导致不好的结果。

情境再现

销售员陈强为了推销自己的打印机，急匆匆地去拜访客户。他走进目标公司，来到经理办公室敲了敲门，在得到接见许可后开始和客户进行交谈。

陈强："您好，冯经理，我是小陈，办公用品公司的销售员，我们以前见过面。"

客户："小陈？你找错人了吧。我姓黄，不是冯经理！"

陈强："噢，真对不起，也许是我记错了。我想向您推荐一下我们公司的新产品——彩色打印机。"

客户："好了，你不用推荐了，我们公司目前还用不着彩色打印机。"

陈强："不过，黄经理，我们还有很多其他型号的打印机，这是产品资料。"销售员将印刷品放在桌上。

客户："对不起，我对这些没有兴趣。"黄经理说完，双手一摊，示意陈强走人。

情境分析

在上面这个销售案例中，销售员陈强犯了一个致命错误，他没有记住客户的资料，叫错了客户的名字。客户觉得自己没有得到足够重视，从而也不重视陈强，拒绝他的推销。销售行业的竞争是非常大的，有的时候，即使是犯一个小小的错误，也可能被别的对手接手，而自己却"全盘皆输"，而叫错客户的名字或职位就是这种小小错误中非常典型的一种。

销售心经

相信销售员也不是故意叫错客户的名字或者职位的，那么，对于粗心的销售员，应该如何加强记忆，避免这种错误呢？

1. 增强自信心，用心听记

很多销售员总是觉得自己不擅长记住别人的名字，对那些只接待过一次客户就能将对方的名字牢牢记住的同事，佩服得五体投地。其实，绝大多数人的记忆力基本上都是相近的，别人能做到的，自己也能做到。销售员首先要消除对自己记忆力的怀疑，增强自信心。

2．重复记忆并运用客户的名字

千万不要不好意思问客户的名字及职位，其实大多数人都会想得到别人的认同，客户也一样。一旦知道客户的名字，销售员可以马上在心里重复3次，并反复利用各种机会来称呼客户的名字，以便加深印象。

3．联想法加深印象

联想法是加强记忆的好方法，销售员可以利用客户名字的特征、个性及名字的谐音产生联想，尽可能将它和熟悉的影像或事物联系在一起，加深对客户名字和职位的印象。

4．用笔辅助记忆

在拿到客户的名片之后，销售员可以把客户的特征、爱好、专长、生日等写在名片背后，若能配合照片另外制作资料卡则更好。销售员还可以在日后做好跟进记录，并时常翻看。这样一来，销售员自然会渐渐熟悉这些客户，并牢记他们的名字。

销售精英小贴士

　　如果怕叫错客户的名字，再次见面时，如果不能完全确认，销售员可以试探地问："对不起，请问您是某某先生吧？"千万不要马虎地叫错客户的名字，以免得罪客户。如果销售员能够热情地叫出客户的名字，从某种程度上讲，这就表现了对客户的重视和尊重，客户也就会由此对销售员产生好感，销售就会顺利展开。

做好送别客户的礼仪

🏃 销售箴言

　　无论销售成功还是失败，销售员都要表示感激，做好送别客户的礼仪。

　　如果销售成功，在告别的时候，销售员常会很开心地和客户说再见。需要注意的是，如果生意没做成，在离开时，销售员也要做好送别礼仪，保持君子风度。俗话说得好："买卖不成仁义在。"虽然销售员在这次销售中没有达成交易，但是如果给客户留下了不错的印象，下次销售就有可能成功。

🏃 情境再现

　　金牌销售员都很注重和客户的送别礼仪。下面是一些销售结束的道别案例。那些优秀销售员送别客户通常会这样说：

　　销售员："诸葛小姐，这是您需要的一整套化妆品？"待客户确认后，再说："谢谢您为我提供这次登门拜访的机会，也非常感谢您能够喜欢我们的产品。这是收据请您收好。"

　　销售员："陈经理，很感谢您今天用这么长的时间和我来交流，根据我们今天所谈到的内容，我将回去好好地做一个供货计划方案，然后再来向您汇报，您看我是下周二上午还是下午将方案带过来？"

　　销售员："感谢黄经理的热情接待，今天真是叨扰您了。有关订货和付款的问题咱们三天后再约个时间好好谈谈，您看好吗？"

销售员："韩先生，最后请您再确认一下合同书的内容，如果没有什么意见的话，请您签章，我们将按合同履行义务。"客户确认后，向客户表示感谢："再次感谢韩先生对我们工作的理解和支持，我们一定能为您提供最优良的服务。"

销售员："吴老板，您主要是对送货方式和付款期限存有异议，其他方面没什么问题是吗？这样的话，我回去后与公司领导商量一下，尽快给您做出答复，您就等我的好消息吧！今天真是辛苦您了，感谢您的配合。"

销售员："白先生，我再向您确认一下送货地点及付款方式，送货地点是……付款方式是……"客户确认后，向客户表示感谢："最后谢谢您对我的信任，我们一定及时把货给您送到！"

销售员："成主管，可能此次我的销售表现没能让您满意，但是回去后我会好好钻研业务，争取下次赢得您的订单，我非常感谢您能为我提供成长的机会。"

销售员："刘经理，很感谢您能抽出宝贵的时间和我面谈，今天我受益良多，希望我们还有再见面的机会，祝您工作顺利，再见。"

销售员："方总，虽然很遗憾我们这次不能合作，但是说不定下次能有机会，谢谢您在百忙之中抽出时间见我，非常感谢！"

情境分析

上面这些送别客户的话语都是非常专业和值得学习的，他们不管销售成功与否，都认真地对客户表示了感谢。风度翩翩、有礼仪的销售员自然会得到更多客户的青睐，客户心里舒服，下一次就可能和销售员继续合作。

销售心经

送别客户一般有三种情况，这三种情况下销售员应该注意哪些礼仪呢？

1. 遭到了客户的拒绝，销售失败

不是每一次销售都能成功。比如，客户对产品没有需求，销售员没有赢得客户的信任，客户没有充足的时间等，都有可能导致销售失败。

在这种情况下，无论是出于哪方面的原因，销售员在送别时都要持平和的心态，对客户抽出时间给自己提供见面的机会表示感谢。这不仅是对客户的一种尊重，更是销售员自身职业素质的一种体现。

2. 达成协议，销售成功

能够与客户达成协议，当然是值得高兴的事情。拜访结束时，销售员首先应当确认此次谈话的重点，尤其是订货和付款方面的事情。对客户所谈到的这些重点内容进行简单总结，确保清楚、完整，并征得客户一致同意。然后还要感谢客户提供这次机会，感谢客户的信任，感谢客户对销售员工作的支持等。无论业务的大小，感谢都是必需的。

3. 客户有明显的购买意向，但这次没有达成协议

大笔的销售业务，很少通过一次性的沟通就能拿到订单，它可能需要进行多次的拜访与沟通。即使第一次拜访没有与客户签下订单，这次拜访也同样具有重要意义，因此应当对客户的此次接待表示真诚的感谢。这不仅是对此次拜访的肯定，而且也为下次的拜访提供了良好的开端。

销售精英小贴士

在拜访结束时，销售员不光是需要感谢客户，还要注意收拾好自己的东西，帮助客户恢复物品原状。比如，把椅子放回原处，倒掉自己喝剩下的茶水，扔掉由于自己的工作或演示所产生的废弃物等。

实　战　篇

第五章

谈判开局：做好充分准备，
抢占主动地位

谈判开局之前，销售员需要做好充分的准备。士兵不打无准备之仗，充分地准备是谈判成功的保证。做好充分地准备，销售员的心里就有底了，在谈判中就可以保持平常心揣摩客户的心理，更好地引导客户，在谈判过程中抢占先机。

做好销售谈判的准备工作

销售箴言

不打无准备之仗，准备到位是谈判成功的保证。

想要销售成功，销售员就要在销售谈判时，做好准备工作。比如常见的产品说明、以往成功的案例等。此外，销售准备还应该包括销售员对自己的心理准备、对这次销售的整体计划等。一开始和客户打交道，销售员难免会遇到被客户质疑等情形，如果准备不充分，产品销售很可能会失败。

情境再现

一位女士走进手机卖场，认真地看着各种款型的机子，逛到×××专柜的时候，销售员王鹏迎了上去。

王鹏："女士您好！我是××专柜的销售员，请问您想要什么类型的手机？"

客户："不是我用的，是这样，我丈夫快过生日了，我想给他挑一部商务功能强、实用的手机。"

王鹏："那我给您推荐这款，××新出的手机，配置最新的系统，上网速度超快，电池好用，待机时间长，而且还防水溅、防尘、防剐。"

　　客户："有说明书吗？"

　　王鹏："啊，您等等，我找找……哦，在这里。"

　　客户："嗯，那我能体验一下实体机吗？"

　　王鹏："实体机还在库房，我现在就去取，您稍等一下好吗？"

　　女士在店里等了十几分钟，脸上已经露出焦急的神色，但王鹏还是没有将实体机拿来。

　　这时，另一个销售员李奇走过来，热情地与这位女士搭讪："您不妨移驾我们柜台吧，我们也有很多商务机，而且都有货，您随时可以体验！"

　　客户："好的。"

　　尽管王鹏和李奇是同一个手机卖场的销售员，两人做销售的时间也差不多，但半年过后，李奇的业绩直线上升，已经远远超过了王鹏。一年后，李奇成功地被提拔为该卖场的销售主管，而王鹏还是一个马虎大意的销售员。

· ·

情境分析

　　在上面这个销售案例中，王鹏和李奇最大的区别就在于销售前的准备。既然向客户推荐了商务机，就应该把介绍商务机可能用到的一切资料物品都准备好，以便让客户更加深入地了解。如果准备不充分，客户就会对销售员的信任度下降，从而导致销售失败。

销售心经

　　在销售谈判工作开始之前，销售员其实有很多准备工作要做。一些销售新手常常会问，具体要做哪些工作呢？

1．对自己进行全方位调整

想要说服客户购买自己的产品，销售员首先要说服自己。这就要求销售员要有充分的自信——对自己和产品的自信。要让自己的精神状态达到最佳，一定要让自己看起来对产品充满信心，是真诚地为客户提供服务的。

2．对客户资料的整理和研究

销售员要尽可能多地收集产品与客户相关的信息。常用的资料包括以下几个方面。

（1）助销手册

助销手册主要是将销售工作中常用的资料进行编排，辅助销售工作，如助销手册会涵盖商务、样本、检验证明、宣传、辅助资料等。

（2）销售日志

销售日志是销售员对其工作时间进行管理的有效工具。通过销售日志，销售员能够对自己和客户的进程做到了如指掌，确定下一步如何说服客户。

（3）客户档案

客户档案不仅是管理客户的工具，还是分析销售工作的有效工具。根据客户的档案进行分级管理，让销售员更系统地了解该如何推销。

（4）产品样品及展示用品

产品样品是现今销售工作非常重要的准备工作之一。由于样品非常真实、直观，能够促进销售工作的顺利进行，所以很多销售员都准备了产品样品。让客户亲自体验是打消客户疑虑的好办法。

3．签合同所需物品

如果客户决定购买，有时候需要签订销售合同，这个时候销售员应提前准备好印泥、图章等工具。

4．确定销售目标，给自己鼓劲

"无目的，不推销。"销售员在每次谈判前都必须有一个明确的目标。

没有有效目标的指引和激励，销售员就可能因疲倦和挫折而放弃努力。注意，目标要合适而且准确。太高，会让销售员产生沮丧感；太低，对销售员的激励作用不大，就没有意义。

？销售精英小贴士

销售员不打无准备之仗。本来取信于他人就非常困难，如果准备得再不充分，那么将很难做到销售成功。

攻破客户的戒备之心

销售箴言

想要谈判成功，取得客户的信任，首先要攻破客户的戒备之心。

很多情况下，销售员谈判时首先要面对的第一个困难，就是消除客户的戒备之心。销售员可以从客户的语言、动作及眼神中判断出客户对于产品的不信任，这个时候如果不想办法扭转局面，再继续下去很可能会导致销售失败。

情境再现

箱包销售员马林在给一位客户介绍产品，但显然，这位客户戒备心很强，说话很冷淡。

客户:"我没听说过这个牌子。"

马林:"真可惜,看来我们的宣传力度还不够,真是谢谢您的提醒。其实我们这品牌已经上市八九年了,全国大中型城市都有我们的品牌店。也许您以前没有注意到我们,但您知道万里马、金利来这些品牌的箱包吧?三年后我们也会加入它们的行列,成为著名箱包品牌之一。"

客户:"是这样吗?"

马林:"当然是,现在刚好有这个机会向您介绍一下我们的产品,我们品牌的主要特点是个性、时尚及高品质。我们的主题就是'选择自己喜欢的,用自己适合的'。我们主要的客户群就是像您一样的城市达人。您选中的这一款,不仅造型另类别致,而且不失质感,很有品位。"

客户:"的确挺特别的。"

马林:"这只是其中一款,您看看这边的款式,这种设计风格绝对是独一无二。而且我们的皮包都比较轻便,很适合您用……"

情境分析

在上面这个销售案例中,面对客户的戒备和质疑,销售员马林很诚恳地向客户介绍产品,赢得了客户的好感,而且对自己的产品很了解,介绍得很详细,还利用了其他品牌来做类比,突出自己产品的前景,通过夸赞等方法肯定客户的眼光,最后终于攻破客户的戒备之心,销售成功。

销售心经

客户具有戒备之心很正常,第一次打交道,第一次使用产品,任何一个人都不会很放心，所以销售员要理解客户，想方设法消除客户的戒备之心。首先销售员要判断对方是比较极端还是比较理性的客户。对前者，销售员要强调品牌的历史和发展前景等，对于后者，销售员应该突出产品的优势和特点。具体做法如下。

1．不要与客户争论

如果客户对销售员所销售的产品表示怀疑，销售员切忌与客户争论。只需要迅速向客户提问，让客户参与进来。只要客户愿意回答问题，就根据客户回答的情况，顺势引导客户体验产品。

2．让客户自己进行对比

"先尝后买，亲身体验"对客户是最有说服力的，销售员可以用这个办法来攻破客户的戒备之心。

3．要给客户信心

销售员可以向客户提供一些产品优点的最具说服力的资料，或是承诺质量保证，或是证明公司优秀的经营管理和较强的进货能力，还可以向其介绍一些该品牌的销售状况和发展前景等。

销售精英小贴士

销售员如果身经百战，见过形形色色的客户，对于如何攻破客户的戒备之心就会更有心得。因此，新销售员要向老销售员多学习，要做到多学、多看、多思考。

通过客户的表情判断客户的心情

销售箴言

读懂客户的表情，就能顺藤摸瓜，找到在谈判中制胜的办法。

想要在销售谈判中取胜，就要具备察言观色的能力。客户的一些表情，常常会反映出客户的真实心理。如果销售员能够读懂这些表情，就可以随机应变，调整策略，抓住客户的关注点进行销售，让客户心甘情愿为产品埋单。

··

情境再现

一个中年女士带着自己的母亲来到玉器行，两个人一边走一边看。这时，女士因为有事走开了，留母亲一个人逛逛，这位老人在一件玉器前看了很长时间。销售员白晓玲走上前去为老人做介绍。

白晓玲："大娘，您看这件玉器……您是不是相中了这件玉器？"

老人："是的，款式很好，颜色也纯，就是太贵了。"

白晓玲："大娘，我想您和我妈一样，一辈子为儿女操劳，没用过太贵的东西。这块玉器您喜欢就买回家，这玉器养人，对身体好，还能作为传家宝呢！"

白晓玲看了一眼老人，发现她表情认真，接着说："您女儿还真孝顺，您看她买玉器还把您带上，您可真是好福气！"

这时候女士打完电话走了过来。白晓玲迎上去："这位大姐，您的母亲非常喜欢这一件玉器……"

女士看了看那件玉器饰品，又看了看老人，老人没有表达反对的意思，接着她看了看饰品的标价牌说："贵了点儿。"

老人没说什么，但是也没有离开，似乎有些不悦。场面有点儿尴尬。白晓玲见状，对那位女士说道："大姐，我看您也累了，我们到那边休息一下怎么样？"白晓玲倒了一杯水给母亲，就和那位女士走到休闲区坐下来。

白晓玲说："大姐，我建议您买下这件玉器，首先这件玉器非常好。大娘看上一件东西不容易，既然看上了，就买给她，这样大娘心里舒服。心里舒服少生病，老人健康，我们做儿女的就少担心，您不是这样想的吗？"

女士看了一眼还在原地看产品的母亲，几秒钟后，她收起了反对的神情，似乎下定了决心点了点头。

白晓玲见状，走到前台，拿过来一张货单："大姐，您贵姓？"

女士："我姓张。"

白晓玲："好的，张姐，留一个您的手机号吧？这件玉器你不满意还可以退货的。"

女士："好！非常感谢！"

情境分析

在上面这个销售案例中，销售员白晓玲成功的关键就是通过观察客户的表情，抓住了客户的心理。她首先观察到的是老人喜欢玉器的表情，然后是老人认真聆听意见的表情，再次是老人不悦的表情，女儿犹豫及变坚定的表情。同时，她针对客户不同的表情，采用不同的沟通技巧，从而获得了销售的成功。

销售心经

通过观察客户的表情，销售员可以洞悉对方的心理。这样做的好处是可以在适当的时候引导客户，促进谈判的成功。然而，客户的表情十分丰富，销售员该如何解读这些表情呢？

1. 焦虑的表情代表什么

客户如果脸上表情焦虑，并有手指不断敲打桌面、双手互捏、小腿抖动、坐立难安等动作。首先，销售员要停止滔滔不绝的讲述，努力与客户沟通，找出焦虑的原因，并及时为客户解决问题，消除焦虑情绪再继续。

2. 欺骗的表情代表什么

如果客户平时是一个寡言少语的人，而现在却对销售员喋喋不休地诉说，语义却不连贯，那么，他多半想隐瞒什么。另外，下意识地摸下巴、摆弄衣角或将手藏在背后，都是说谎的表现。这时销售员就要警惕了，分析客户这样做的原因，避免被客户误导。

3. 僵硬的表情代表什么

如果客户脸上肌肉麻木，面无表情，这往往是内心充满憎恶与敌意的表现。一般这样的客户对销售员充满了成见，如果销售员见到的客户是这类表情，就要努力化解他们的敌意。

4. 厌烦的表情代表什么

厌烦型表情主要包括叹气、伸懒腰、打哈欠、东张西望、看时间、表情无奈等。如果客户流露出这样的表情就代表他对所进行的交谈已经厌倦了。这时，销售员就应该换一种交谈方式来吸引客户的注意力或及时撤退。

5. 兴奋的表情代表什么

客户开心兴奋的时候常常表现为瞳孔放大、面颊泛红等。一般这时销售员就要注意把握好机会，趁着客户开心进一步深入引导客户，及时促成交易。

销售精英小贴士

　　人们的喜、怒、哀、乐、爱、憎能够通过表情表现出来。因此，一个优秀的销售员不仅要善于根据客户表情的变化去揣摩客户的心理，同时，也要注意运用自己的表情变化去影响和感染客户。

从客户肢体动作判断客户的性格

销售箴言

　　有时候，客户的肢体动作其实已经告诉销售员他内心真实的想法。

　　在销售谈判的过程中，销售员要读懂客户的肢体语言。因为客户的肢体语言也会告诉销售员很多重要信息。如果销售员只顾介绍而忽视客户的肢体动作，很可能引起客户的不满，导致销售失败；相反，如果销售员能够读懂客户的肢体语言，就能掌握客户的心理，明白选择哪种方式能够获得成功。

情境再现

案例一

这是保险销售员孙良第二次拜访该客户。

孙良："王先生您好，很高兴再次见到您。"

说着伸出手与客户握手，客户握手的方式是握着他的手上下晃动。因此，孙良判断客户是个乐观开朗、待人真诚、对生活充满希望的人，这次他决定再接再厉，争取顺利签单。

客户："你好，孙良，我们又见面了，我知道你是一个很棒的销售员，但我经过深思熟虑，最后还是决定不买贵公司的保险了。"

孙良："嗯，您当然有这个选择的自由，但我能知道您不买的原因吗？"

客户："我们觉得买保险不是必需的。"

孙良："您为什么会这么想呢？"

客户："我平时的生活很节俭，每次购物时，我都会问自己三遍，如果不买这个产品，我能否继续生存，如果答案是肯定的，我就决定不买了，这是我从书上看来的方法，它可以帮我节约开支。"

孙良："关于保险您也是这么做的？"

客户："是的，即使不买这份保险，我也依然能很好地生活，毕竟，我身边的人没有保险也依然过得很快乐。"

孙良决定从客户热爱生活的方面入手："您说得不错，虽然我不能保证买了保险就能高枕无忧，比别人多一条命或者生活得更加快乐，但是对于一个热爱生活的人，不买保险很可能会在以后的某个日子后悔莫及。天有不测风云，人有旦夕祸福，我们都不知道下一刻会发生什么。保险虽然不能为您抵御全部的风险，但必定能为您分担一大部分的损失。试想，没有保险，全部损失一个人承担，那承担的金额可是比购买这份保险的金额更多。反过来您想，如果您拥有了这份保险，那么您的生活是不是就更安心、更有保障了呢？"

客户想了想，最终还是购买了一份保险。

案例二

销售员："欢迎光临，请问您想买什么？"

客户："天冷了，我想给自己添一条围巾。"

销售员："是啊，眼见得天儿就凉了，买条围巾真是再正确不过的选择。

您看，这边都是最近最流行的花样和款式，您喜欢什么颜色？"

客户："哦，我喜欢红色。"

销售员："您看这款怎么样，这是卖得最火的。您可以戴上试试效果。"

销售员看到客户的身子微微前倾，似乎想要更仔细地观察，也似乎是想试戴一下。她马上就看出这个客户具有购买诚意了，所以，决定趁热打铁让客户试戴，并一举拿下客户。

销售员："您看，您还可以这样系围巾，是不是显得更漂亮了？"

客户："嗯，确实不错，这样真漂亮！给我装起来吧！"

情境分析

案例一中，孙良通过王先生的肢体语言，判断出他的性格直爽热情，很好沟通，于是利用热爱生活、肯定愿意给生活一个更好的保障这一观点拿下了保单；案例二中，销售员通过客户向前倾的动作判断出客户想试试的想法，积极地向客户推销，最后把围巾销售出去。这种通过客户肢体动作判断其心理的技巧对销售谈判有很大帮助，销售员一定要熟练掌握。

销售心经

在与客户进行谈判的过程中，经常有哪些"肢体语言"是需要销售员注意的呢？

（1）当客户根本不看销售员而低头俯视时，表示她根本没有购买意愿，此时销售员要多一些热情。

（2）当客户轻揉鼻子时，表示不信任销售员，此时销售员态度要更诚恳一些。

（3）当客户轻拍手掌或捏手指时，表示没有耐心，这时销售员应该适当放慢语速或者停下来多聆听客户的一些想法。

（4）当客户紧捏着鼻梁、抚摸着下巴时，表示正考虑如何做决定，这时销售员要耐心等待，静观其变。

（5）当客户咬着指甲时，代表不安和犹疑，此时销售员要坚持，但要注意营造友善的氛围，在这种情形很容易促成交易。

（6）当客户揉着眼睛时，这是反对的信号，他根本不接受销售员的说明。

（7）当客户摸着耳朵或紧拉着耳朵时，表示他不能做决定，这可能是销售员没有向客户解释清楚，所以销售员可以再重复说明，也可以及时帮客户做决定。

（8）当客户说话而用指头或整只手遮着嘴巴时，这是反对或想说话的信号，也可能在说谎。销售员应该灵活应变。

销售精英小贴士

言谈举止能告诉销售员所面对客户的地位、性格、品质及内心情绪。掌握了这些，和客户谈判起来就更加方便，最后成单的概率也就更大。

从口头禅了解客户的个性

销售箴言

客户有意无意说出的口头禅，其实映照了他的内心。

生活中，很多人都有自己的"口头禅"。口头禅这个词源于佛家，本意是不用心去参悟，把一些经验只挂在嘴边，装作很懂禅的意思，属于"禅之歧途"。后来引申到现实生活中，表示有意无意间常常说起的一个词。口头禅是一种心理反射，销售员可以从客户的口头禅中了解其个性。

∷∷∷∷∷∷∷∷∷∷∷∷∷∷∷∷∷∷∷∷∷∷∷∷∷∷∷∷∷∷∷∷∷∷∷∷

情境再现

案例一

一对夫妻走进电器商场，他们逛到某冰箱专柜的时候停下了脚步，查看冰箱的功能和价格。销售员小朱上前打招呼，准备为他们介绍产品。

小朱："欢迎光临，两位想看看冰箱吗？我们店里冰箱种类齐全，不知道两位需要多大的呢？"

男士："还可以吧，差不多大就行。"

小朱："您家里几口人呢？"

男士："父母孩子都在一起。"

小朱："那您妻子操持家务一定很辛苦吧。一般是每天都去买菜，还是几天买一次呢？"

女士："两天买一次，放的时间长了不新鲜。"

小朱："家里常有亲戚朋友来吗？"

男士："还可以吧，有时会有。"

小朱："那应该在冰箱里存些食品，既能保鲜又能应对不时之需。"

看到男士查看冰箱放啤酒的酒格，小朱又有了话题。

小朱："您一定是爱喝啤酒的人吧？买上一打啤酒，每天下班回来一边看球一边喝啤酒，一定很享受啊。"

男士："还可以吧，喝啤酒看球赛，我的最爱了，呵呵。"

小朱："那您看看这款冰箱，这款放三天的肉食和蔬菜、水果应该足够了吧？"

女士："刚刚好。"

小朱："那您喜欢把冰箱放在客厅还是厨房？"

女士："厨房太小了，这一款好像放不下。"

小朱："那就放在客厅吧，这一款的花色外观都很漂亮，放在客厅，既可以做装饰，又可以很方便地取用一些饮料、水果随时享用。在炎热的夏天解解暑，真可谓是美事一桩啊！而且这款冰箱空间足够大，能放下三天的菜食，既保鲜又能保证来客人时随时招待，一举两得啊！"

看着夫妻俩频频点头，小朱继续提问。

小朱："先生、太太的家离这儿远吗？"

男士："还可以，就在附近。"

小朱："那您看是今天给您送去，还是明天一早给您送去呢？"

男士："就今天吧！"

案例二

一天，化妆品店里来了一位气质高雅的女士，大约 30 岁，她对销售员小燕说："我想要一种护肤品。"

小燕问道："您想要什么功能的护肤品？"

女士回答道："冬天天气比较干燥，最好是保湿效果好的。"

于是，小燕给她介绍了最新上市的一套护肤品，包括营养水、润肤霜和洁面乳等，价格是 428 元。详细地介绍完这套化妆品的功用后，小燕就询问客户："这套怎么样呢？"

女士说："还可以吧！"

后来，小燕又和女士聊了聊，发现女士比较喜欢说"还可以吧"这句口头禅，但是一直不下决心。女士一直在看这套产品的说明书与价格标签，小燕认为可能女士觉得产品价格有点高。于是，她说道："这套化妆品是公司为了促销，特意推出的一种实惠套装。您应该知道，这几件产品单卖时，价格还在 200 元左右，因此，价格方面是相当实惠的。这款产品的保湿效果非常好，如果这几件产品一起使用，效果非常明显。另外，这款产品也特别适合您这一类型的中性皮肤。您可以试一试。"

经过小燕的一番劝说，那位女士很高兴地买走了这套化妆品。

情境分析

案例一和案例二中，客户的口头禅都是"还可以吧"。经常说"还可以吧"口头禅的客户一般都比较随和，但是自信心不够，需要别人来肯定。不仅如此，这类客户还不会过多地暴露自己的想法，即使他们内心对这种产品感到不太满意，他们也不会说出来。案例一中，销售员小朱通过提问的方法，了解到客户的口头禅和基本情况，从而推销成功；案例二中，小燕通过观察客户的口头禅和动作，了解到可能是价格问题，找到突破点后便顺利地打开了局面。两个销售员都获得了成功。

销售心经

作为一名销售员，要学会从客户的口头禅中洞察出客户的心理，并找到突破口，使推销工作顺利进行。生活中常常听到的客户的口头禅有哪些？反映了他们什么样的性格呢？

1．"听说""也许"

一些喜欢说"听说""也许"等口头禅的客户，表现出的是自信心不足的性格。这时候，销售员就要帮他们树立信心，让他们坚定自己的选择。

2."没问题""我认为"

有一些客户喜欢说"没问题""我认为"等口头禅。这类客户大多是自信心十足，乐于承担责任。对这类客户，销售员要多赞美他们，让他们觉得自己的选择是最有价值的。

3."无所谓""随便"

一些喜欢说"无所谓""随便"等口头禅的客户往往是缺乏主见的人，他们的目标并不明确。因此，面对这一类型的客户，销售员就要肯定他们的眼光，突出产品的优点，激发客户购买的欲望。

销售精英小贴士

对于讲不同口头禅的客户，销售员一定要学会加以区别和利用，通过解读客户的心理，使推销工作向着良性的方面发展。

从颜色喜好来识别客户的心理

销售箴言

颜色喜好也可识别客户心理，从而针对客户采取不同的沟通方法。

一位瑞士心理学家经研究发现，根据喜欢的颜色即可判断人的性格。销售员在与客户进行谈判的时候就可以使用这种方法。比如很多产品都是有颜色的，当销售员询问到客户喜欢的颜色后，可以根据判断出来的性格特征来进行销售，以提高产品销售的成功率。

情境再现

　　建材超市内，有个客户在地板专区挑看地板，销售员司恒发现这位客户特别偏爱红色的地板，应该是个很热情好说话的人，于是便上去搭话。

　　司恒："先生您好，您看的这款地板是这一系列最新的款式，卖得特别火，您看……"

　　客户："噢，我知道，这不就×××做的广告吗？你们为什么请×××做广告呀？×××已经不那么红了……"

　　司恒笑得很真诚："先生真是个既爽快又风趣幽默的人，×××确实不那么红了，下次公司讨论请代言人的时候，我一定要请您去参加，为公司出谋献策！"

　　客户："那是，我的建议保管有效！我就曾经策划过明星代言珠宝品牌的案例，效果非常好。"

　　司恒睁大眼睛，吃惊地说："是吗？你太有才了！不过，我们的地板重要的不是请谁做广告，重要的是它独一无二的猎醛技术，这技术能够主动截取空气中的甲醛，让您的家居空气更安全、清新！"

　　客户对"猎醛"这个词产生了兴趣："是吗？什么是猎醛技术？"

　　通过司恒的解答，客户认同了他的推销，最终选择了这款地板。

情境分析

　　喜欢红色的客户一般爱说、爱表现，而又由于其自我控制力弱，说话凭自我感觉，表现欲强，以自我为中心，在上面这个销售案例中，销售员司恒通过观察发现客户喜欢红色，就寻找相关话题与其交谈，让他热情高涨、十分开心之后，顺势介绍产品，引发客户好奇，从而销售成功。

销售心经

颜色喜好可以反映出客户心理，甚至反映出客户的性格。那么，销售员在销售谈判中如何把握好这一点呢？

1. 喜欢红色的客户

特点：自我控制力弱、外向、乐观、热心、大方、注重人际关系、情绪化、自我评价很高、喜欢吸引大众的注意。

与这类客户沟通要点如下。

（1）重视前期与客户建立关系和好感，努力找到与客户的共同话题。

（2）给客户表现的舞台，营造一种快乐的气氛，保持热情的态度，随时赞美客户。

（3）多谈论客户的梦想，少谈具体细节部分，但要注意控制销售沟通节奏，切忌跑题太远。

（4）谈论知名客户（成功案例），提供证据来支持销售。

（5）当下尽快推动成交，以防止红色性格的人变化无常。

2. 喜欢蓝色的客户

特点：注重细节、能以知识和事实为依据来分析掌握形势、守时讲信用、完美主义者、敏锐的观察力、讲求事实和证据、客气礼貌、精确、喜欢批评。

与这类客户沟通要点如下。

（1）列出详细的资料和分析，沟通前准备好常用数据。

（2）列出产品的优点和缺点，举出各种证据和保证，客观回答客户提问，切忌夸张和做出无法做到的承诺。

（3）在客户没有提出反对意见之前自己先提出，并给出合理的解释。

（4）沟通注意逻辑性，切忌想到哪说到哪。

3．喜欢黄色的客户

特点：喜欢当领导者并掌握权力、重视结果、强势作风、有力、直接、快速（讨厌浪费时间）、没有耐心、高度自信、要求高、果断、负责、争强好胜。

与这类客户沟通要点如下。

（1）销售员说话做事等不要拖拉，应直截了当，简洁明了。

（2）表现专业形象，对于客户提问，明确表示自己可做主并解决。

（3）提供数据和事实资料。

（4）谈判中，明确给出对等的谈判条件，切忌无原则让步。

（5）沟通中避免直接的对立和不同意，可适当示弱。

4．喜欢绿色的客户

特点：和气友善、优柔寡断、可靠、很好的听众、喜欢在固定的结构模式下工作、不喜欢改变和订立目标、不喜欢麻烦别人。

与这类客户沟通要点如下。

（1）对客户表达个人的关心，以轻松的方式销售。

（2）帮助客户明确其购买需求，并告诉客户自己能提供帮助。

（3）谅解其起步慢而且会拖延的性格，并以安全为最主要的目标，鼓励性推动成交。

（4）提供特定的方案和最低的风险，传递给客户这样的信息：我们的产品是最适合的。

销售精英小贴士

销售员要做好喜欢红色的客户的观众，让他们快乐幸福地表达；要以专业、严谨打动喜欢蓝色的客户；要示弱于喜欢黄色的客户；要用轻松的语言鼓励喜欢绿色的客户。

引导客户开始就说"是"

销售箴言

引导客户说"是"，警惕客户说"不"。

在与客户进行谈判的过程中，销售员要警惕客户一直说"不"，"不"字一开口，势必让客户心随口动，坚定自己的不买立场，甚至会为了维护自尊，为了自己的面子，即使想要产品，也一直说"不"。只有引导客户说"是"，才能让客户顺着销售员的提问"是"到底，直到当销售员提出："我们成交吧"，他也会惯性地说出"是"。

情境再现

案例一

销售员李刚想把新出的一款保险产品推销给一位经理。这位经理的父亲快过八十大寿了，是一个非常好的机会。李刚打电话给这位经理。电话接通后，李刚开始寒暄："王经理，您好，听说令尊大人马上就要过八十大寿了，老人家身体还是那么硬朗啊。"

王经理："是啊，虽说他身体和精神头还好，但毕竟年龄大了，还是有点不如从前了。"

李刚："是啊，老年人体质都会下降，行动不便，更应该加强室内运动，不仅可以增强抵抗力，还能保持好心情。"

王经理高兴地说："你说得对。可是他身边没人照顾，出来运动又怕有危险，室内空间又太小，所以一直也没考虑过。"

李刚微微笑道："您不要担心，我们这里有一款新产品，专门为老年人准备的，可以减轻老年人运动风险带来的压力。"他把产品的好处介绍了一遍，然后问客户："这样对老人晚年生活更有保障，您说是吗？"

王经理有些犹豫，没有搭话。

李刚又补充说："您可以在他生日的那天，作为生日礼物送给他，现在送什么都不如送健康，您说是吗？"

王经理："是呀……这样吧，你明天带着保险合同过来。"

案例二

销售员："您好，我是电器公司的销售员，我们最近上市了一款抽油烟机，您是否有时间来了解一下呢？这是一台很适合家庭厨房使用的抽油烟机。"

客户："很抱歉，我们家不太适合用这样的抽油烟机。"

销售员："为什么您认为您家不适合使用这样的抽油烟机呢？"

客户："因为我们家的厨房很小，做饭时只要打开窗户，油烟就跑出去了，根本不需要。"

销售员："原来是这样啊！那您每天做饭、上班是挺辛苦的，还有家里那么多的家务都要一个人来整理，可真是一位贤妻良母。"

客户:"确实辛苦,你说得没错,不过这是应该的,每天都习惯了。"

销售员:"那您真是太不容易了。一看您的房间就知道这是一个幸福的家庭。"

客户微笑着:"是的,我们家庭很和睦。"

销售员:"您一天也够辛苦的,如果每天做饭时能够减少被油烟熏,那就更幸福了。"

客户:"也是。"

销售员:"也许我们的抽油烟机能给您带来幸福感也说不定,您不想了解一下吗?"

客户:"好吧,您进来吧。"

....

情境分析

案例一中,销售员李刚通过和王经理寒暄,以老年人的身体入手,引导王经理对老年人风险保障的必要性说"是",最后推销成功;案例二中,销售员从客户生活的幸福感入手,引导客户对舒适的生活说"是",得到了推销的机会。两位销售员都是销售的高手,都能够慢慢让客户对产品的优点开始认同,引发客户的共鸣。

销售心经

销售的过程常常伴着一个又一个的拒绝。那么,如何才能扭转这种局面,让这些对销售员说"不"的客户改说"是"呢?

1. 利用兴趣引导客户说"是"

大多数客户喜欢凭借自己的直觉去选购产品。而对于销售员推荐的产品，常常以不符合自己的标准为由而拒绝。面对这样的客户，销售员应该抓住问题的关键。不要对客户喋喋不休地介绍，要利用一些话题，引发客户的兴趣，所以只要销售员转变思维方式，巧妙地提问，客户自然会说"是"。

2. 运用防范心理引导客户说"是"

刚与陌生人接触时，每个人都会产生防范心理，客户和销售员之间也不例外。当遇到这样的客户时，销售员首先要表现出理解，客户的防范心理越强，销售员越要让客户有安全感和信任感。如果销售员可以消除客户的警戒心理，就能让客户开口说"是"。

3. 委婉提问引导客户说"是"

客户说"不"，常常会找很多的借口。这个时候，销售员可以用一些委婉的提问来打破这个局面，注意不能直截了当，而是要旁敲侧击，找出其中的主要诱因，引导客户说"是"。

销售精英小贴士

引导客户说是并不难，难的是销售员是否能找到合适的方法。但是万变不离其宗，销售员如果能抓住客户的心理，就很容易让客户开口说"是"了。

第六章

摆明条件：意图清晰明了，
但不暴露底牌

　　谈判过程中，客户常会对销售员的底牌进行试探。这时，销售员不能退缩，一让再让只会让客户觉得还有利可图，正确的做法是用坚定的语气告诉客户自己的产品值这个价格。销售员要亮出自己产品的优点，然后再和客户讨价还价，当达到销售员认为合理的价格时，摆出不情愿的表情，最后成交。

先亮出产品的优点再报价

销售箴言

> 亮出优点再报价，客户的接受程度会更高。

如果销售员冒失地在还没谈妥细节前就提前报价，很有可能给客户带来心理压力，降低客户的购买欲望。很多客户常常会觉得销售员的产品不值这么多钱，因此不管销售员后面说得再好，已经有先入为主的想法的客户，很可能不乐意接受这个价格，从而让销售员销售失败。因此，销售员要注意不要提前报价，要先亮出产品的优点，然后再进行报价。

情境再现

案例一

秦霜在一家清洁用品公司做销售员，最近，公司开发了一种适用于机器设备和建筑物清洁的清洗剂。由于是新产品，秦霜在拜访客户时常常遭到拒绝。即使是新产品的价格很经济，但客户还是比较喜欢"成名已久"的产品。于是，秦霜在屡次碰壁之后想到了"先亮出产品优点"这个推销方法。

秦霜："您好，您看您拥有这么大的一座楼，清洁方面，您一定对既经济又好用的清洁剂感兴趣，对吧？"

客户："是的。"

秦霜："我们的新产品是一种很好的清洁剂，它能快速清洁地面。"

秦霜拿出样品说："您看，现在在地板上喷洒一些清洁剂，然后用拖把一拖，就干净了。"

秦霜边演示边说："这种清洁剂还可以清洗墙壁、办公桌椅、走廊等。""您看，"秦霜说着用手指蘸了一点清洁剂，"它还很安全，人的皮肤不会受到一点伤害。"

随后，秦霜指着刚才浸泡污渍的地方说："就这么一会儿工夫，您看清洁剂渗透到地面的坑洼中使污物浮起，用抹布一擦就干净了。"秦霜拿出一块布将地板擦干，"您看，多干净！"

接着，秦霜又掏出了一块白手绢擦了一下清洗干净的地方，说："看，白手绢一尘不染。"

由于客户被产品优异的性能吸引住了，所以价格谈判很顺利，很快双方就签订了合作协议。

案例二

家具城有很多商家，最近不少客户来采购办公椅，但是这些客户常常逛来逛去，销售员们的业绩并不好。这天又来了一个客户，店里的金牌销售员蒋晓松走了过去。

蒋晓松见客户仔细地观察那张椅子，马上请客户试坐。客户一坐，脸上露出了舒服的表情。

客户："嗯，是不错，这个椅子多少钱？"

蒋晓松："先生，价钱好说，您买椅子不就为了坐着舒坦吗？我先给您说说这张椅子的功效，您看看能不能让您满意？"

客户一听，心里觉得挺好，毕竟了解清楚才能知道值不值，再说了，不买的话还普及知识！于是开始听蒋晓松的介绍。

蒋晓松："您肯定比我清楚，不良的坐姿会让人的脊柱发生侧弯，很多人的脊柱、颈椎或腰部出现问题就是长期坐姿不良导致的。所以，选椅子一定要选那种能让您保持良好的坐姿，从而保护好身体健康的椅子，您看这张椅子，它就是根据人体的骨骼和穴位的特点来设计的，完全能够保证保持标准坐姿的时候长时间不累不乏。另外，这张椅子光是弹簧就比普通椅子多好多，您可以仔细感受一下，这样椅子就能保证不变形、不走样。不仅如此，这张椅子旋转的支架也非常特别。您知道，如果支架坏了，那么整张椅子就报废了。因此，厂家把这张椅子旋转的支架设计成纯钢的，这样就不会因为过重的体重或长期的旋转而磨损、松脱。因此，这张椅子的平均使用寿命要比普通椅子多一倍，您完全可以放心使用。"

听完这些话，客户其实已经很动心了，平时工作一坐一整天，最需要的就是一张舒服、质量好的椅子了。

客户："既然这么好，价格一定十分昂贵吧？"

蒋晓松："先生，您肯定比我识货，您看下我们店里的其他产品，试坐一下就能感觉到区别，我们买椅子自然是为了舒服，别的不说，仅是里面多出来的那些高质量的弹簧就价值200多元，那一个纯钢的支架也200多元，不信您可以上网查一下。"

听了蒋晓松的话，客户愉快地掏钱买了那张椅子。

．．．

情境分析

第一个销售案例中，秦霜遇到的难题就是客户对于新产品的不了解，在没有比较之前，客户自然会选择比较熟知的品牌。即使是新产品，再便宜客户也不会选择。后来，秦霜通过演示，亮出了新产品的优点，客户终于开始认同，看到了新产品的优势，最后接受了新产品。

第二个销售案例中，当客户想要知道价格的时候，销售员蒋晓松选择先让客户知道产品的优点，让客户知道产品能给他带来的好处。后面就算报价比客户的心理预期高一点，但是因为知道产品的种种好处，客户还是觉得物有所值，最后购买了产品。

销售心经

在销售谈判过程中，"先亮出优点再报价"是一个非常实用的技巧。在报价之前，销售员如果能争取让客户把注意力放到产品的质量上，进而让客户觉得销售员报出的价格是相对合理的，这样销售起来就容易得多了。

这里的关键是如何亮出产品的优点，可用以下两种方法。

（1）可以进行功能示范，在销售现场演示产品的功能，让客户亲眼见证产品的价值。

（2）可以"先尝后买"，这种让客户亲身体验产品的方法，更能强化客户的印象，如新口味饼干的试吃。

但是，在亮出产品优点的时候，有些细节销售员需要注意。

1．介绍要实事求是

销售员介绍产品的优点时一定要实事求是，不能夸大其词。否则一旦客户发现你是在欺骗他，他就会出现反感情绪，以后再也不会来光顾。

2．说优点时不要有太多专业术语

销售员一般对自己的产品比较了解，包括一些高科技产品，这其中可能会有一些涉及专业术语，但是客户不一定听得懂。面对普通客户时，销售员要确保销售语言尽量通俗易懂，否则客户不但不会领情，反而会因为销售员不够体贴而放弃购买。

销售员在报价之前，可以为客户介绍很多关于产品性能方面的信息，这样，能让客户的求知心理获得满足，为后来的报价埋下伏笔，也为最后的交易成功做好铺垫。

巧妙应对客户对你底牌的试探

销售箴言

不要一味退让，要巧妙应对客户对谈判底牌的试探。

价格是每个客户都会注重的地方。有些精明的客户，无论产品质量如何，是否便宜，都要再试一试销售员的底牌。面对这样的情况，销售员要巧妙地应对。如果销售员对客户总是有求必应，最后说不定销售员还可能吃亏。当客户在试探销售员底牌时，销售员最好能巧妙地回绝客户，既不伤客户面子，又能实现双方的互利共赢。

情境再现

张信中是一家公司的销售员，这天他带着公司产品的样品来拜访客户。经过他的一番介绍，客户对这种产品很感兴趣。对产品的质量也比较认可，最后双方谈到了价格问题。

张信中："您感觉我们的产品怎么样？"

客户："产品不错，就是你们的价格太高了，能降低点吗？"

张信中："我们的产品您刚才也初步了解了。它之所以如此受欢迎，主要是因为我们有良好的信誉和完善的服务。俗话说，高端产品才会有高价格，您说是不是啊？"

客户："如果能再优惠点，我就买了。"

张信中："我们的价格已经很优惠了。那您觉得什么价位比较合适呢？"

客户："这个……相比较来说，你们的价格还是太高，怎么也应该有2%的降价幅度吧。"

张信中："这样吧，我其实也很有诚意的，公司规定，我们的降价范围不能超过10元，现在我为您降到最低，希望我们以后还有更多的合作机会。"

客户："好吧，那就这样吧。"

....

情境分析

在上面这个销售案例中，客户虽然对产品满意，但是一直就价格问题对张信中的底牌进行试探，张信中并没有立即降价，而是为客户介绍了产品价格高的原因，然而客户依然没有放弃，最后张信中利用公司规定告诉客户最多只能降10元，最终和客户达成交易。

销售心经

高明的销售员一定要巧妙应对客户对自己底牌的试探。当客户试探时，如果轻易让步，客户就会觉得还有很大空间；如果让步太多，销售员的利益就会受到侵犯；如果坚定地回绝，客户就有可能拒绝成交。那么，销售员应该怎么办呢？

1．让客户了解产品价值与价格相符

在客户试探销售员底牌的时候，销售员要设法让客户理解产品的价值，让他们相信产品的价格与价值是相符的。如果销售员的产品高于其他竞争者的产品，就需要销售员向客户证明产品的质量、性能、服务等方面是优于竞争者的。

2．适当退让

客户想花最少的钱买最有价值的产品，而销售员想把自己的产品推销出去。双方都是以盈利为目的。在客户试探销售员底牌的时候，为了成交，销售员可以适当做出一些让步，但是这个让步要做得适当，并且要让客户了解到销售员的良苦用心。

销售精英小贴士

如果客户对销售员的底牌进行试探，销售员一定要冷静对待，要用价值来刺激客户的大脑，只能适当退让，不能一味让步。

让客户提出购买产品的条件

销售箴言

迂回进攻，以退为进，让客户提出购买产品的条件。

很多销售员为了促成交易，在讨价还价的开始就轻易妥协让步。其实，太轻易买到的产品，客户常常觉得不值，他们要么放弃购买，要么让销售员做出更多的让步。这种恶性循环是销售员不愿意看到的。有的时候，为了更好地进行销售，可以让客户先提购买的条件，这样销售员就可以在销售谈判过程中占据主动。

....

情境再现

销售员李远通过对客户的两次拜访，终于到了最后商谈价格的时候了。

李远："章经理，您对我们公司的报价清楚了吗？我的介绍您还算满意吧？"

客户："你的介绍很清楚了，前两次的沟通你已经讲得很好了。不过我还是觉得这个商务机型对我们公司来讲有点超标了。"

李远："您讲的超标是指？"

客户："配置上用不了那么高吧。"

李远："那可是不一样的。贵公司是计算机的高频率使用单位，只有这种商务系列的机型才能保证长时间、高强度运转，这您也是了解的。那您还有其他问题吗？"

客户："嗯，还有就是价格上有点超出预算了。"

李远："好的，价格上您还不满意，那您除了价格还有其他问题吗？"

客户："嗯，没有了，有的我都讲过了。"

李远："好的，那么，您想象中的价格是多少呢？"

客户："当然是越便宜越好了，更何况我们是大批量采购。"

李远："给您报的价格已经是最低的了，这次正好赶上货品调整，过一段时间价位又会调高的。"

客户："再低两个百分点。"

李远："真是不好意思，我们这已经是全国最低报价了。我只是销售员，已经没有权力再降价了。要不我打个电话回公司，向经理申请试试，看是否可以再降一个百分点。如果他不同意我也没有办法了。"

客户："也好。"

李远："章经理，我冒昧地问一句，如果我帮您申请到这个价格，您可以直接签单吗？不然我也没办法向经理交代。"

客户："嗯，可以！你问吧。"

···

情境分析

在上面的销售案例中，销售员李远对于一再迟疑的客户应对自如。客户先是对产品的配置提出疑问，而后对价格表示无法接受，其目的都是想要李远降价。李远通过应答，巧妙地应对客户，让客户先提出购买的条件，然后再适当让步，促使销售成功。

销售心经

在销售谈判的过程中，让客户提出购买的条件，其实是一种以退为进的做法。销售员要对客户提出的疑问巧妙地应答，准确把握客户的心理。在引导客户提出购买产品条件的时候，销售员还要注意下面三个问题。

1. 不要恐吓客户

销售的过程中，有些销售员喜欢用这类方法来促成订单，让客户乖乖购买。但很多时候，这种方法会让客户产生抵触情绪，销售员不能恐吓客户，以免吓跑客户，要巧妙地让客户提出购买的条件，自主购买。

2．要把握准客户的心理

当客户想要某种产品，但是又下不了决心的时候，销售员可以用以退为进的做法，用提问的方式让客户讲出购买产品的条件。

3．满足客户的条件

到最后的谈判阶段，客户肯定会提出各种各样的问题，销售员要对这些问题给出解答，解除客户的疑惑，满足客户的条件，销售才能顺利完成。

销售精英小贴士

> 销售是一个不断积累经验的过程。想要销售成功，面对不同的客户，销售员要找到对应的方法。当遇到无法下定决心、一再迟疑的客户的时候，可以试着让这类客户自己提出购买的条件。

一定要给予客户讨价还价的机会

销售箴言

讨价还价反而能刺激客户购买，销售员要主动与客户讨价还价。

客户最想要什么呢？当然是能够买到物美价廉的产品。当销售员报出价格之后，不管这个价格是不是能承受得起，他们会想要一低再低，即使觉得很划算了，也还是希望能更便宜一些。销售员一定要懂得客户的这种心理，要善于跟客户讨价还价。

··

情境再现

销售员李琳工作的钟表店装修得十分典雅。一对夫妇站在店门口观赏宣传的海报，看起来十分喜欢上面的古钟。

李琳笑盈盈地走过来，亲切地问道："请问两位是对广告上的古钟感兴趣吗？我们店里有实物，两位不妨仔细看看。"

女士笑着说："好啊，我们正想找这个呢。"说着，李琳就把他们带到了古钟的实物前。

女士："哎呀，你看你看，这个跟广告上的一模一样，确实很有感觉。"

男士："是啊，这个大小也比较合适，我们可以把它挂在走廊。"

李琳："二位的眼光真好，这是我们店里卖得最好的一款古钟了。"

女士："那得多少钱啊？"

李琳："不多不少，打折之后正好800元。"

女士："这么贵啊，我们预算在500元左右呢。"

李琳："哦，太太，这个钟确实很好看，质量也很好，又是现在流行的复古风格，是值这个价钱的。"

这时，男士对女士说道："800元还是贵了些，我们不是说好超过500元就不买的吗？"

女士："是啊，请问您500元可以出售吗？"

李琳看他们这么喜欢，就说："您看，这个钟确实很不错，它是值800元的，但既然两位这么喜欢，那您再出个价吧，500元太少了。"

女士说："那550元怎么样？只能550元了，已经超出我们所承受的范围了。"

李琳流露出无奈的表情，笑了笑说："那好吧，虽然还是赔本，但看二位这么喜欢它，我也想给这个钟找个爱它的主人，550元卖给你们好了。"

女士一听非常高兴，对男士说："还不错吧，就超出了50元，值了。"

....

情境分析

在上面这个销售案例中，销售员李琳给了那对夫妻讨价还价的机会，而且还是用他们自己提出的价钱最后达成交易，这样客户心里就产生了一种成就感，还认为是自己赚到了。其实，李琳用这个价格销售还是赚钱的。

销售心经

一般来说，客户讨价还价的动机大体有以下几种。

（1）客户眼下经济状况不佳，支付能力有限。

（2）客户想买到更便宜的产品。

（3）客户有一种强烈的自我表现欲，希望在讨价还价中显示自己的能力。

（4）客户对销售员及其产品的价值不太信任，怀疑它不值那么多钱，怕自己吃亏上当。

（5）客户先入为主，对产品价格早有看法，可能是因为他过低估计了生产成本。

（6）根据以往的经验，客户知道销售员最终总能在价格上做一些让步。

（7）客户可能知道你曾以更低的价格把产品卖给过别人，或者知道同样的产品曾经有人以较低的价格购买过。

想要成功，给客户讨价还价的机会很有必要。那么，跟客户讨价还价的过程中销售员要注意哪些问题呢？

1．开价要适当高一点

销售员如果准备和客户讨价还价，首先就要把价位提高一点儿，为客户的砍价做好准备。一是不仅可以防止客户还价太多而失去了该赚的利润，二是还能体现出销售产品的价值，让产品看起来很有档次。

2．不要轻易做出让步

销售员一定要对自己的产品充满信心，并且在价格谈判的过程中不要轻易做出让步，轻易让步只会让客户觉得还有很大的让步空间，不轻易让步却会让客户感觉这个产品物有所值，有了这个定位之后，客户再还价就不会太离谱了。

3．最好以客户提出的价格为最终成交价

销售员可以以客户开出的价钱为最终成交价，并表示让自己很为难，这样客户会获得讨价还价的成就感，感觉自己赚到了。

❓销售精英小贴士

让客户讨价还价，一定要在"不亏老本、不失市场，不丢客户"这一原则下灵活运用。此外，经过一番激烈的讨价还价，价格一旦"敲定"，必须马上将其"套牢"，不要给客户反悔或变卦的机会。

让客户相信你提出的数据

销售箴言

如果客户不相信销售员提出的数据，销售员就要想办法让其相信，否则销售便不会成功。

销售员有时会遇到这样的情况：尽管自己已经将产品的各项数据介绍给了客户，而且没有一丝虚伪和夸张，可是客户看上去仍然不完全放心。有时候客户可能自己都不太清楚怀疑什么，只是觉得不对，产品不可能有这么好。甚至他们会想，现在连产品都能造假，更何况是这些数据呢？面对这种情况，销售员必须要想办法让客户相信。

情境再现

关云飞从事的是保险销售业务。在他从业的过程中，经常遇到客户对保险持怀疑、否定态度的情况。他不管是给客户看保险合同还是自己的展业证，总是有客户怀疑他。

面对这种情况，关云飞决定改变策略，不再和客户争辩是与非。这天，他又约见了一位抵触心理很大的客户，寒暄后，开始向客户提问："您认为我是骗子吗？"

客户："是啊。你难道不是骗子吗？"

关云飞："我也经常疑惑，尤其在像您这样的人指责我的时候。有时，我真不想干保险了，可就是一直下不了决心。"

客户："不想干就别干，怎么还下不了决心呢？"

关云飞："因为在我做保险的这几年里已经同几百个投保户成为好朋友，只要我说不想继续干下去了，他们就都不同意，要我为他们提供续保服务，尤其是那十几位理赔的客户，更是经常打电话告诉我不要走。"

听了这话，客户非常惊讶，于是问："还有这事？你们真的给投保户赔偿？我经常听说，出了事保险员不管的。"

关云飞："是的，您看，这是我经手的第一桩理赔案……"

通过这样的方法，关云飞最终改变了该客户的观点，和客户签订了保单。

....

情境分析

在上面这个销售案例中，销售员关云飞改变了平时的应对策略，在客户不相信自己的时候，没有针锋相对、据理力争，而是先接受客户的观点，然后顺着客户的观点出发，与客户进一步沟通交流，朝着彼此认可的方向努力。最后，通过摆事实、讲道理，客户终于开始相信关云飞，认为他不是骗子，并和关云飞签订了保单。

销售心经

如果销售员空口无凭，客户往往会持怀疑的态度，这是十分正常的。但是有时候，销售员提出了数据，客户也表示怀疑，这个时候应该怎么办呢？

1. 要保证数据真实、准确

如果销售员使用的数据本身不够真实和准确，客户又怎么会相信呢？并且一旦客户发现这些数据是虚假的，他们就有充分的理由认为销售员是骗子，再也难以挽回给客户造成的恶劣印象。

2. 要把握使用数据的分寸

如果销售员在与客户沟通过程中一味地罗列数据，不但不会赢得客户信任，还会起到反面效果。客户会感到头脑混乱，觉得销售员在故意卖弄，说不定是为了掩饰什么。在适当的时候罗列数据，才能增加产品的说服力。

3．利用名人效应

销售员如果想让列举出的数据真实可信，给客户留下深刻印象，可以借助一些名人事例，列举一些影响力较大的人物或事件。这样一来，客户会在心理上对销售员产生信任，有利于销售员的进一步销售。

4．利用专业机构的证明

比较专业的机构如质量监督局、预防医学会等，这些机构都是象征某一领域内具有权威性的机构，那么它们所出示的证明或承诺就一定是经得起考验的。因此，当客户对产品的质量或其他问题存有疑虑时，销售员可以利用这种方式来打消客户的疑虑。

？销售精英小贴士

> 需要注意的是，很多相关数据是随着时间和环境的改变而不断变化的，比如产品的销量和使用期限等。为此，销售员必须及时掌握最新数据，力求提供给客户最准确、最可靠的信息，取信于客户。

报价的时间要选对

销售箴言

> 适当的时候报价更容易成功。

报价是销售谈判过程中很重要的一环，如果销售员一开始就明确地告诉客户价格，会给客户造成压力，削弱客户对产品的兴趣；如果在客户的再三追问下迟迟不肯报价也会引起客户的反感，客户会觉得销售员不够诚恳。因此，销售员要把握好报价时机，在最恰当的时候说出价格才是销售成功的保证。

······································

🔍 情境再现

于小强是一家医疗器械公司的销售员，经过努力之后，他终于约到了一个大客户——一家医院的采购主任，双方经过一段时间的交谈，客户表示对于小强的产品很感兴趣。

客户："看资料感觉不错，就是不知道性能怎么样？"

于小强："无论是性能还是质量，我们的产品都是不错的。您可以到我们公司参观，考察一下这些设备的功能。您最近有时间吗？明天怎么样？"

客户："嗯，可以，那就明天吧。"

第二天，于小强热情地接待了客户，客户参观过目标设备之后觉得十分满意。

于小强接着向客户介绍说："我们的产品完全符合国际标准，而且售后也很完善，只要您一个电话，我们就会上门服务。"

客户："是吗？"

看到客户有购买的意向，于小强趁热打铁，说道："是的。因为我们的产品质量好、售后有保证，所以价格会比较高。您也是行家，应该明白，对于与人性命相关的医疗器械而言，质量和售后比价格重要得多。这是我们的价格表。"

虽然于小强的产品比其他同类产品的价格高些，但是客户想了想，还是做出了购买的决定。

···

情境分析

在上面这个销售案例中，于小强报价的时机非常好。首先，客户对产品的资料很感兴趣，而在考察之后，对产品的质量也十分肯定。于小强的聪明之处就在于在客户购买欲望最强烈时谈及了产品价格，虽然产品价格比同类价格高一些，但客户考虑到医疗器械的特殊性，最后还是接受了。

销售心经

销售谈判中，报价不能过早也不能过晚，一般要在客户对产品最认同，有强烈的购买欲望的时候再报价。具体要注意哪些呢？

1. 前期工作要做好

首先，详细介绍产品情况。只有客户对产品足够了解，才能对其价值有一个全面、客观的认识，了解到产品的优点。

其次，充分了解客户情况。客户的个人情况在一定程度上直接影响着他对产品的认识，经济条件好的客户与经济条件差的客户，对同一产品及其价格的看法也会不同，所以在报价前，销售员应该大致了解客户的个人情况。

最后，加强产品与客户的关联。客户对产品有需求或兴趣强烈时，那么他们购买的可能性就越大，想办法加强产品与客户之间的联系，报价后销售成功的概率就越大。

2. 保持礼貌的态度

有些时候客户一听价格感觉接受不了，表露出不想买的情绪。这个时候，销售员要保持礼貌的态度，询问客户对产品的意见等，切不可讽刺贬低客户，有意见的客户才是真正的客户。销售员应保持冷静，想办法挽留。

3. 掌握好报价的时机

销售员要注意在客户对产品有一定了解后再报价。如果产品价格合理，在客户可以接受的范围内，销售一般都会继续进行下去；有时即使价格相对较高，客户被产品的某些特征吸引，也很可能成交。

4. 客户不买不等于销售失败

客户听到报价后就转身离开，也许不少销售员会认为这场生意结束了。其实并非如此，即便客户没有购买产品，也是下一个潜在客户。销售员要尽可能多地让客户了解产品信息，例如赠送有关产品介绍的卡片等，待客户比较其他产品后，有可能"回头"。

销售精英小贴士

> 报价也有很多小技巧，比如顺向报价、逆向报价。但报价的时机是最重要的，报价的时间选得对，即使价格高点，客户也会觉得无所谓。

用果断坚定的语气说话

销售箴言

> 情绪是最能感染人的，销售员说话的语气越坚定，客户对产品的信心也越足。

世界上没有十全十美的事情，产品也是一样。不管产品的功能多卓越，它本身总会有缺陷，销售员想把这些产品卖出去，而且还卖得很好，就需要对自己推销的产品充满信心。只有这样，销售员说话的语气才能更加果断坚定，客户也会对销售员的产品建立信心。

· ·

情境再现

卫浴销售员李海接了一个客户的电话。这个客户说自己在安装公司上过班，对行情比较了解。他最近买了一套二手房，打算重新装修一下，特别是家里的浴室，准备全部都换成新的。李海看得出来这是个准客户，非常热情地想为客户介绍自家的产品，但却被客户打断了。

客户："你的介绍我都知道，但我还是希望你能先寄一份产品介绍给我。我对装修浴室非常了解，而你就不需要介绍了！"

李海："我相信您在这方面是非常有经验的，但是我十分好奇，您为客户设计浴室有什么方法吗？"

客户："首先我会亲自观察一下浴室，做好相关的测量工作，画好一个浴室的草图，比如哪里放浴缸比较合适，哪里放马桶最节省空间……"

随着客户的描述，李海发现，客户的经验十分丰富，空间布局也相当合理。对方说得这么专业，他突然变得有些担忧，害怕自己不能让对方满意，搞砸这笔订单。于是，他决定慎重对待。

李海："您看这样行吗？我亲自给您送一份资料过去，当面给您做一下详细介绍，或者您还可以到我们这里来参观一下。"

客户："不用了，你还是先给我寄一份资料吧！"

李海听到客户这么说，心里更加忐忑了。他不知道这位客户是什么用意，寄资料过去难道是要进行对比、筛选吗？他心想：看来成交是没什么希望了。于是他底气不足地说："那好吧！我先寄一份产品介绍给您。"

电话那边的客户听到李海显得有些犹豫，立刻就对李海销售的产品产生了怀疑，认定其产品的质量一定不怎么样。结果，客户原本打算在李海那里买浴室设备的计划也取消了。

情境分析

在上面这个销售案例中，李海错就错在过分谨慎、底气不足，从而导致自己失去一个优质客户，损失了一个订单。销售中最重要的就是要取得客户的信任，如果客户产生怀疑的心理，将对后面的销售十分不利。

销售心经

销售员如何才能用果断坚定的语气包装自己呢？

1. 用积极的心态塑造自信的语气

不能完成销售任务怎么办？客户百般挑剔怎么办？很多销售员在销售之前总是有各种各样的担忧，其实越害怕失败，销售员越会在产品的介绍过程中失去信心，底气不足。所以，销售员要有一个积极向上的心态，塑造自己的信心。

2. 坚定的话语要以高质量的产品作保证

成功的销售，依赖于高质量产品。当销售员在决定从事销售工作之前，一定要对所销售的产品和所在公司做出慎重的选择。如果产品质量有问题，损害到客户的利益，即使是再优秀的销售员，也不会创造持续上升的业绩。

只有保证了客户的利益，销售员在销售的时候才能有底气，销售工作才能顺利发展。

3. 让客户看到销售员也购买了产品

让客户相信自己的产品，最简单的做法就是自己先买产品，让客户看效果。实践胜于雄辩。这样当销售员在向客户介绍产品时，就可以自信地说出产品的优势和特点。如果销售员能自己购买和使用推销的产品，一定会让客户更信赖他所推销的产品。

4. 多说一些激励人心的话

销售员给客户介绍产品的时候，应尽量避免使用带有负面和消极意义的言辞，想方设法让自己的语言更具激励性，多说一些激励人心的话语。

销售精英小贴士

　　坚定的语气来自高质量的产品和真诚的态度。销售员如果以这些作为基础，在介绍产品时，定然底气十足。

表现出不情愿，让客户感觉占了便宜

销售箴言

　　表现出不情愿，反而会刺激客户的购买欲望。

当客户决定购买后，销售员千万不要眉飞色舞，表现得过于开心，因为这样会让客户觉得自己上当受骗，被赚去很多钱。相反，如果在成交后，销售员露出不情愿的表情，客户会觉得物有所值，今天走了好运。

....

情境再现

王鑫亮以前是做销售员的，他的口才很好。因为业绩不错，后来攒钱以 25 万元的价格买了一艘帆船，完成了自己出海的愿望。然而，慢慢地，他对帆船已经没有了新鲜感，并且保养和磨损的费用对他来说更是一个沉重的负担，所以，王鑫亮迫切地想卖掉这艘帆船。

一个星期天，王鑫亮在海边洗船。一对新婚夫妇被王鑫亮漂亮的帆船吸引住了。

女士："咱们也买一艘这样的帆船吧，将来有了宝宝，我们一起出海一定非常开心。"

男士："可以啊！"

王鑫亮听到这些话高兴极了，终于有机会卖掉自己的船了。但是聪明的王鑫亮不动声色。

王鑫亮："嗨，你们好，要搭船吗？正好有空，我带你们领略一下海上的风光。"

男士："可以吗？那太感谢您了，我们正好想去海上看看。"

王鑫亮："不用客气，认识就算有缘。我这艘船啊，证件齐全、设备优良、保养得当，我十分喜欢它，但是没办法啊，最近急需用钱，过段时间只能便宜卖了。"

男士："您打算多少钱出售？"

王鑫亮："这艘船曾经给我的家庭带来过很多快乐。说实话，我真的不忍心同它分开，但是我能看出你们也很喜欢这条船，这样吧，说说你们能给的最高价格吧，如果可以，我很乐意转让给你们。"

女士："看您如此喜爱这艘船，我们也不忍心既夺了您的所爱，又给您太低的价格，这样吧，30 万元您看如何？"

听到这对夫妇的报价，王鑫亮心里乐开了花，但脸上却流露出犯难的表情。

王鑫亮用商量的口吻道："您出的价格太低了，我真是舍不得卖，要不是急需用钱我真不想卖，这样吧，您再加 5 万元怎么样？"

男士："这样啊，那好吧，我们也挺喜欢这艘船的，让您割爱我们也挺不好意思的。"

这对夫妇见王鑫亮不情愿的样子，以为真的是自己给价太低了，马上答应了王鑫亮的要求。

情境分析

在上面这个销售案例中，王鑫亮成功扮演了不情愿的卖主，让那对新婚夫妇感到这艘船的珍贵。即使新婚夫妇开的价格他已经十分满意，却没有表现出一副急不可耐、着急卖掉船的样子，而是表现出不情愿，最后王鑫亮销售成功，还大赚了一笔。

销售心经

如果客户给出的价格超出预期，销售员不要认为一切已经尘埃落定，要知道煮熟的鸭子也能飞。如果销售员眉飞色舞、过于兴奋，客户会产生一种负面心理。当这种负面心理强烈到一定程度，客户很有可能反悔，放弃购买。

因此，销售员即使心里兴奋，也要学会通过语言、神态、肢体语言等传达出一种不情愿的表情。销售员越舍不得卖，客户就越会觉得产品好。这是销售中的一种常见心理。所以，在讨价还价过程中，销售员一定要掌握客户的这种心理，知道如何扮演不情愿的卖主，成功地激起客户的购买欲望。特别是在即将成交的时候，更要克制住自己内心的喜悦，把不情愿写在脸上，表现在语言中。这样才能保证产品卖上一个好价钱，才能保证把煮熟的鸭子吃到嘴里。

❓销售精英小贴士

"行百里者半九十"。即便客户给的价格已经超过销售员的预期，销售员也切忌扬扬得意，要表现出不情愿，客户才不会反悔，交易才能成功。

第七章

排除异议：正确对待异议，采取不同策略

当客户有了异议不肯成交，销售员一定要稳住心神，正确对待异议，根据不同情况采取不同策略打破这个局面。有一些常用的销售技巧销售员可以借鉴，但是注意不要为了排除异议，对客户许下无法兑现的承诺，如果最后实现不了，就会失去客户的信任，影响以后的口碑。

正确对待客户提出的异议

销售箴言

　　客户的异议不能限制或阻止，销售员要学会正确对待客户提出的异议。

　　销售员经常会遇到持有异议的客户，这类客户如果不慎重对待，很可能会导致销售失败。为什么客户会产生异议呢？大部分原因是销售员没有在关键时刻为客户提供最好的服务，或者是客户的要求没有得到最大限度的满足。销售员要正确对待客户的异议，而不是限制或阻止客户的异议，如果能明确地把握异议的关键点，掌握异议的处理技巧，销售员在面对客户的异议时会更加自信，销售的过程也会更加顺利。

情境再现

　　林立是一个家具公司的销售员，这天他接待了一个客户，但是客户好像对产品有诸多异议。

　　客户："你们这种衣柜的外形设计非常独特，颜色搭配也很棒，让人有耳目一新的感觉，放在家里的话，应该很彰显个性，可是你们选用的木材质量太差了……"

林立："先生您真是好眼力，一般人很难看出木材质量这个缺点。这种衣柜选用的木料确实不是最好的，但是如果选用最好的木料进行加工，价格恐怕就要高出好几倍了。而且您想想，现在家具类产品更新换代很快，很多衣柜用上一段时间就不流行了。您如果到时候改动家具，太贵的衣柜会不会不好处理？"

客户："这个确实需要考虑……"

林立："而且这个衣柜看上去已经是相当不错了，尤其是外形设计相当时尚，可以吸引很多年轻人，如果购买它，您可以省下来一大笔钱来订购其他家具……"

客户："额，那就它吧！"

情境分析

在上面的销售案例中，林立对于自己产品的缺点没有否认，而是引导客户往好的方面想，把产品的缺点也转换成客户的利益，当客户利益得到满足的时候，果断地选择了购买产品。

销售心经

在销售谈判中，销售员会遇到各种各样的异议。很多销售员对这些异议措手不及，那么，如何正确地处理异议呢？

1. 情绪放松，保持冷静

销售员要认识到异议是必然存在或难以避免的。虽然在面对诸多异议的时候，销售员会感觉很焦躁，想要当即反驳客户，但这个时候销售员要务必保持冷静，不可动怒，与客户争辩绝不是明智的选择。而继续以笑脸相迎，并了解反对意见的内容和要点，才能更好地打破这个局面。

2．真诚聆听，尊重客户

销售员听到客户所提的异议后，应表示对意见真诚地欢迎，比如说："我很高兴您能提出宝贵的意见""您的观察力很敏锐"等，并聚精会神地倾听客户的想法，以示对其尊重。这样当销售员提出异议的解答时，客户自然也会认真倾听，悉心思考。

3．故意询问，补偿策略

销售员在听到客户异议后，可以再次向客户发出询问。故意询问的目的在于发掘客户隐藏的异议，这时如果客户提出的产品、服务异议真的有道理，销售员不要一味否认，因为错误明显就在那里，否认的话客户会怎么想？这时候可以利用产品的其他优点来补偿和抵消这些缺点，让客户取得心理上的平衡，也让他产生两种感觉：产品的优点对自己最重要，自己提出的那些产品缺点不足为虑。

4．谨慎回答，保持友善

销售员对客户所提的异议，必须谨慎回答。一般而言，销售员应以沉着、坦白及直率的态度，将有关事实、数据、资料等加以确定或证明，以口述或书面方式送交客户。如果仅凭销售员的回答还不足以使客户信服，可以采用第三方证明法。比如，国家权威机构的检测报告，已使用公司产品的客户名单和联系方法及客户反馈，或邀请客户到工厂实地考察等。

？ 销售精英小贴士

　　面对客户提出成交异议时心情急躁、不舒服是正常的，诚挚的倾听和热情的回应是恰当地处理客户异议的首要条件。此外，处理客户异议时与其争辩是第一大忌，不管客户如何批评我们，销售员永远不要与客户争辩，因为争辩不是说服客户的好方法。

面对异议，不要许下无法兑现的承诺

销售箴言

不要乱开"空头支票"，销售员对客户的承诺要"三思而后行"。

面对异议，很多销售员为了成交，都会拍着胸脯对客户轻易许下各种好处，其中有一些包括无法兑现的承诺。一旦承诺无法兑现，就会给客户留下不诚信的印象，那么以后再想要和这个客户做生意就非常难了。

销售员向客户许诺会增强客户购买的决心，但是同时也会增强客户的心理期待。对于已经许下的承诺，一旦不能兑现，客户就会感觉自己被愚弄了，从而不利于接下来的沟通。因此，销售员不能乱开"空头支票"，而应该有选择、有技巧地进行承诺。

情境再现

食品公司的销售员葛洪为了能够尽快完成公司规定的业务量，同时让自己的业绩能够快速提升，他想了一个好办法，就是让客户趁着"双十一"提前压货。于是，他找到了自己的一位大客户进行商谈。

葛洪："刘经理，您好，我是食品公司的小葛啊，您最近生意不错吧？"

客户："哦，是小葛呀，最近市场还算景气，销售额不错，总体来说还行。"

葛洪："那真是恭喜您呀！我今天给您打电话，主要是想跟您商量一件事，您看"双十一"马上就要到了，去年这个时候网上食品销售可是十分火爆呀，而且这个月我们公司给我们定业务量，要我们完成 50 万元的销售业绩，您看您一定得帮忙……"

客户："你要是让我拿这么多的货应该是没有问题的，但主要问题是，我没有那么多的地方放，就算我能保证从你那儿进50万元的货物，我把货买回来放哪里呢？如果你能帮我把货物存储的问题解决了，你这个忙我可以帮。"

葛洪："好，既然您这么干脆，那这件事好说，包在我身上吧，我现在就帮您向公司申请占仓费，但是根据流程，我现在申请的话也需要一段时间才能批下来，您看您能不能先自己垫资找仓库，以咱们的关系，这点信任还是有的吧？"

客户："那就这么说定了，稍后你过来我们签订合同，我回头就派人去找仓库，只要找到仓库我立刻就把货拉回来。"

葛洪："好！我一会儿过去拜访您。"

最后，客户按约定找到仓库，也把货拉回来了。在"双十一"期间通过各种打折优惠，食品的销量非常不错，一切都往好的方向发展，但是公司却迟迟没有把葛洪申请的占仓费批下来。客户已经问过葛洪两次了，葛洪心急如焚，但是也不知道怎么办了，为了不失去这个客户，葛洪只好自己掏了腰包。这笔交易的业绩他几乎都赔了进去。

··

情境分析

在上面这个销售案例中，葛洪为了打消客户没有地方放货物的异议，大包大揽地许下报销占仓费的许诺，然而，最后公司并没有把占仓费批下来，葛洪只能自己垫付。销售员如果为了达成交易，就对客户做出并不能保证兑现的承诺，要么只能像葛洪这样自己吃亏，为承诺埋单；要么如实告知客户，损失客户利益，引起客户不满。如果损失不大，客户顶多以后再也不相信许诺的销售员了，如果损失比较大，客户还会选择投诉，追回损失。

销售心经

可见销售员向客户许诺是一件很慎重的事。在这个过程中，销售员要注意哪些问题呢？

1. 不开"空头支票"

所谓的"空头支票"就是不能兑现的承诺，如果销售员已经明确知道无法满足客户的需求，就千万不能轻易承诺。但是对于客户的要求也不能置之不理，可以采用其他手段减少客户的要求，或者真诚地向客户解释自己的难处。

2. 肯定可兑现的承诺

如果销售员确定可以给出客户一个优惠的承诺，那么在讲这个承诺的时候就要态度坚决。如果销售员在向客户承诺时支支吾吾，就会让客户心生疑虑，起到反效果。所以，销售员一定要提前做好功课，了解哪些优惠是可以承诺的，哪些优惠是不可以承诺的。

3. 慎对有难度的承诺

如果销售员不太能确定是否能够满足客户的要求，那么就需要谨慎对待，既不能满口答应，又不能一口回绝。要留有不能兑现的余地，以免做不到给客户留下不好的印象。

4. 补救无法兑现的承诺

销售中也常有意外发生，本来确定可以实现的承诺遭遇"滑铁卢"，最后无法实现，这个时候，销售员要在第一时间向客户表示歉意，同时要认真地解释承诺无法实现的具体原因，最后主动提出相关的补救措施。

销售精英小贴士

　　古人云："三思而后行"，销售员在向客户许诺的时候也要三思，然后再决定要不要说、应该怎么说。信守承诺是销售员提升自我形象与品牌的关键手段之一。

客户说"我考虑考虑再说"该怎么办

销售箴言

　　有时候，"考虑考虑"是一种拒绝的委婉表示，所以销售员一定要做最后的努力。

　　在销售谈判中，销售员竭尽所能地为客户介绍完产品之后，客户有时会说："知道了，我考虑考虑。"或者是："我考虑好了再跟你联系！"客户总是很客气地说要考虑一下，真的是考虑好了就购买吗？如果销售员觉得客户这是"慎重"，真的指望客户考虑好了再来购买，那么客户很可能考虑得"遥遥无期"。

情境再现

　　一位客户在床上用品专柜前踌躇了许久。

　　客户："我选哪个更好呢？"

　　叶子："这几件都不错。"

客户："我看这个四件套最近广告打得挺好，而且它的品牌是明星代言的，质量应该不错。"

叶子："是的，这个是蛮好的！"

客户又指着另外一件说："可是我最喜欢这一套，这个'四件套'颜色很好，花色也好看，材质看起来挺舒服的。"

叶子立刻点头："确实是……"

由于接二连三的提问都得不到明确的答复，客户也失去了选择的主见："这个花色好像与房子整体风格不相符，那我再考虑考虑吧……"

最后，客户一件也没买走，出了专柜。

情境分析

在上面这个销售案例中，销售员叶子虽然很认真地回答客户的问题，但最后客户还是说"考虑考虑"。案例中的"考虑考虑"其实是一种拒绝的表示，言外之意是"既然拿不定主意，要不还是算了吧"！很显然，叶子的销售是失败的。

销售心经

在销售谈判中，有时候"我考虑考虑"相当于"我并不想购买你的产品"。所以，这时销售员如果听出客户的言外之意，一定不要真的留时间让客户考虑。那么面对这种情况，销售员应该怎么做呢？

1. 使用"二选一"问话

如果客户对产品和服务都比较满意，但是又犹豫不决拿不定主意时，销售员可采用"二选一"的问话技巧，根据客户的情况和要求制定出两套"选择方案",然后让客户进行最后的挑选。范围小了,客户"考虑"的时间就少了。

2. 让客户有一种购买的紧迫性

有的时候,客户想"考虑考虑再说",很可能是因为有一种可有可无的心理,如果销售员利用"现在买不到以后就没有机会"这样的暗示提醒客户,客户很可能不再考虑,立即购买。比如,销售员对迟迟不肯做出决定的客户说:"这种产品只剩最后一个了,短期内不再进货,过段时间可能就没有了。"

3. 建议客户试用

客户想买产品可又下不了决心时,也许是对产品没有信心,销售员可建议客户先试用,然后给他们做一些方向上的引导。在试用的过程中,销售员可以适当地提出一些合理建议,帮助客户摆脱犹豫不决的心理。

? 销售精英小贴士

当遇到"我考虑考虑再说"这种情况,销售员就要警惕客户是不是哪里不满意,只要解决掉客户真正不满意的问题,客户就不会"再考虑"而果断出手了。

客户说"我们需要和×人商量"该怎么办

销售箴言

"我们需要和 × 人商量",不一定是做不了决定,还有可能是拒绝购买的借口。

在销售中，销售员常会碰到这样的情况，客户在听完销售员的介绍之后，他们并没有提出异议，但在销售员提出成交的要求时，他们却说需要与另外一个人商量一下，比如事业上的伙伴或配偶等，后来商量得"不了了之"。所以，如果有客户这样说，销售员要认真思考一下，他们是真的做不了决定，还是这只是一个拒绝购买的借口。

情境再现

江凌是一家保险公司的销售员。一天，他去拜访一个客户，在初步交流之后，客户对他的产品十分心动。可就在将要签单时，客户却说还需要和家人商量商量。

客户："小江，十分感谢你详尽的解答，我个人完全能接受你的这份保险计划，但是你看，保单总体的金额不小，而且每年都要续交很多，我想我还是需要回家和家人商量一下！"

江陵并没有表现出急于成交的样子，而是诚恳地说："您的意思我十分理解。您回家是想跟您太太商量一下吗？"

客户："嗯，是的。"

江陵："其实我觉得，您这样做并不十分明智。"

客户："这话怎么理解呢？"

江陵："您知道，咱们这份保险是人身意外伤亡保险，当发生意外或不幸时，保险公司会为您支付足够的治疗费用和家庭保障费用。您想，如果您让您太太来思考这个计划，她肯定会左右为难。她是受益人，您买这份保险也是为她考虑，如果因为自己没有赞成投保而得不到保障，她一定会后悔今天的决定，但如果她同意，受益的前提是您遭遇不幸，这也会让她感觉难受，您为她好，应该考虑一下她的心情。"

客户:"这个我确实没有想到。"

江陵:"其实,您签订这份保单并不是为了自己,完全是出于对妻子和家庭的责任,当您拿着保单交给您太太的时候,她一定能体会到您深深的爱,体会到您爱他的心理,她感动还来不及呢,更别说反对了,您说是不是?"

客户:"您说得有道理,那我就签了吧。"

. . . .

情境分析

在上面这个销售案例中,江陵虽然也怕"夜长梦多",但是并没有表现出急切的心情,再推销一遍自己的保险,把它说得多好,而是通过提问,确认客户拒绝的真正原因,然后暗示客户不应该将是否投保这样的难题抛给太太,激励客户自主做出决定,促使其签单。

销售心经

"我们需要和某人商量"是客户异议中比较常见的一种。客户这么说有可能是一个拒绝的借口,也可能是他们的真实想法。那么,销售员在销售谈判的过程中应该如何去做呢?

(1)要找原因,然后对症下药。可以通过询问的方式,找到客户真正的顾虑。

(2)告诉客户现在购买产品可以得到什么好处。如果客户对产品的某一优势十分心动,在他犹豫不决的时候,可以再进行引申。

(3)如果客户确实想到其他商店比较一下或与家人商量一下,这种心情销售员应该给予理解。此时不能再强行销售,应该给客户留有一定的余地,为了保证让客户走出去后还能再回来,销售员要为客户重申产品的特色，让他们留下深刻的印象。

（4）给客户施加购买压力。比如告诉客户这是最后一件，优惠活动即将结束，产品销售速度很快等，给对方造成一种紧迫感。

销售精英小贴士

当客户说出要和某人商量这句话的时候，销售员不可讽刺客户拿不定主意，轻视和逼迫客户。要知道，不尊重客户是销售中的大忌。

客户说"价格太高"该怎么办

销售箴言

"价格太高"也不能随便降价，销售员要坚持自己的价格底线。

销售员在介绍完产品，最后和客户谈价格的时候，客户常会用"太贵了，买不起""不合算"等词应付。价格问题是销售过程中最常出现的问题。面对这种情况，销售员应坚持自己的价格底线，制定相应的销售策略，最好通过商谈确定一个能让客户满意也能让自己利润最大化的价格。

情境再现

案例一

李美俐是一家日用品店的销售员。这天，一位客户来到李美俐的店里

179

购买豆浆机，经过介绍后，客户觉得这个也好，那个也不错，始终拿不定主意。

李美俐："先生，请问您对我们的产品还有疑问吗？"

客户："听完您的介绍都挺满意，就是价钱都太高了！"

李美俐："您说得对，很多客户看到我们的标价后都会有这种想法，即便是我也不例外。"

客户："哦？你自己也觉得贵吗？"

李美俐："可是当您使用的时候就会发现，我们品牌的豆浆机质量非常好，而且一机多用，可以榨豆浆，也可以熬粥、榨蔬果汁，绝对能够满足您的需求。您要是买功能少的，以后榨汁机也需要买，这也是一笔费用，再说质量，您说您要是买个质量一般的，以后维修费可能就是个无底洞啊，修机子的钱都能再买一个了！买一个用得住的比较划算。"

客户："你说得也有些道理！"

李美俐："您就放心用吧，我们店里的售后也是一流的，您购买绝对不会后悔的。"

客户："那给我拿这边这个不锈钢的吧！"

李美俐："嗯，好的！"

案例二

一天，一位先生和一位太太一起走进了一家家居用品店，销售员苏佩接待了他们。

苏佩："两位好，欢迎光临，先生和太太想看看什么呢？"

客户："我们想买一套餐具。"

苏佩："二位的气质这么好，我为你们推荐这套青花骨瓷的，这是咱们这里做得最好的餐具之一了。"

客户："看起来很漂亮，这套餐具多少钱呢？"

　　苏佩："现在是活动价 1288 元。"

　　客户："1288 元，这太贵了！"

　　苏佩："您想想，如果 1288 元要是只买一件，肯定是贵了，但这套餐具是由 26 件骨瓷餐具组成，青花骨瓷放在家里最能显示主人品位了。1288 元买 26 件餐具，每一件也不超过 50 元钱，这套餐具至少能用 3 年吧，这样算下来，那每天的花费才 5 角钱。您想这多合适啊！"

　　客户："您算账真厉害，这么算来倒也没多少钱。"

　　苏佩："您看这工艺、这花色，肯定物超所值的。这样吧，如果现在购买的话，我们再送您一张贵宾卡，以后再来可以打 9 折，您看怎么样？"

　　客户："那好吧，就这套吧，麻烦帮我包起来。"

．．．

情境分析

　　在上面的案例一中，销售员李美俐做得非常好。首先，她认同客户觉得贵的说法，拉近和客户的距离，然后又阐述了产品贵的理由，产品同其他产品相比较，优势在哪里，站在客户的立场为客户考虑合不合算的问题，最后终于打动客户，促使客户购买。在上面的案例二中，销售员苏佩针对客户觉得"价格太贵"这个问题，用细分法算了一笔账，让客户觉得还能接受，最后买了一套，销售也十分成功。

销售心经

　　很多客户在购买产品的时候会习惯性地讲价，不管心里面觉得合不合理，总是希望价格能够再低一点，仿佛不讲价就会吃亏。当然，也有的客户是真心觉得贵。那么，当客户说"价格太高"的时候，销售员应该如何应对呢？

1. 先赞同再反对

在客户说价格太高的时候，销售员如果直接否认，很可能和客户争辩起来，最后一拍两散。而如果换一种比较委婉的方法，"先顺后转"，先赞同再反对，就可以与客户保持和谐的谈话氛围，让客户愿意倾听。

2. 用时间单位来细分

依照时间单位来细分价格，比如一年下来每个月分摊不了多少钱等，这种方法能给客户带来价格不是很高的错觉，帮助客户下定决心。

3. 相同基准比较产品

在销售中，客户常拿别的产品和销售员的产品进行比较，但客户常常无意识地拿基础不同的两个产品比较价格，造成别人家便宜的错觉，销售员最佳的应对方法是先找一个相同的属性比较基准，这时候谁高谁低就一目了然了。

4. 用计量单位来细分

用计量单位来细分也叫"最小单位"策略，是指销售员报价的时候尽量使用最小的计量单位，这样能够让客户产生一种产品十分便宜的错觉。

5. 长远利益打动客户

质量好的产品，长远来看，带给客户的利益是十分可观的。销售员要抓住这点，向客户说明，虽然价格高点，但是质量好，以使用寿命来看，还是十分合算的。

❓ 销售精英小贴士

价格是决定客户是否购买的至关重要的一环。如果这一环节处理不好，即便是前面再努力，最后的销售结果也可能不尽如人意。

客户说"别人家更便宜"该怎么办

销售箴言

　　客户说"别人家更便宜"要求销售员降价时，销售员不能轻易妥协，同时一定要给客户讲清楚自家产品为什么贵。

　　在销售谈判中，常常会遇到客户以"别人家更便宜"为借口，而开出不合理的价格要求销售员降价。排除客户没有购买诚意、不想成交的情况，客户之所以这样说，是因为他想试探一下销售员，摸清销售员的底，以便获得更多的让利。

情境再现

　　一家奶制品商家在超市里搞促销活动，一位客户看见"促销"两字后，走过来询问销售员。

　　客户："现在促销产品什么价格？"

　　销售员："我们的果粒酸奶原价 6.5 元一瓶，厂家让利，现在两瓶只需 10 元。"

　　客户："哦，那就是平均一瓶 5 元，比原价才便宜 1.5 元？"

　　销售员："其实便宜 1.5 元已经很优惠了，这个果粒酸奶销量一直都特别好，很少促销的，您今天可是来着了。"

　　客户："可是，我刚刚看另一个牌子的酸奶，人家打折比原价便宜一半呢，你们这个价格还是太高了。"

销售员："首先，买酸奶除了看价格，还要看保质期，我们促销的果粒酸奶都是厂家刚刚到的货，距离保质期还有 20 天呢。其次，我们之所以卖得这么好，就是因为它比同类产品的果肉多，口感更好，而且对肠胃也特别好，大家都很喜欢它，就这一会工夫，有很多客户都买了呢。"

客户："真的那么好吗？那给我来两瓶试试吧！"

情境分析

在上面的销售案例中，客户一看到促销便过来询问，可见，价格是打动这位客户的重要因素。客户在和其他产品对比价格之后，产生了为什么别人家更便宜的疑问，销售员没有向客户妥协，而是通过和别人家产品的对比，向客户说明了价格高的原因，最后销售成功。

销售心经

当客户说"别人家更便宜"时，他是在表达什么呢？如果真的觉得别人家的更好，他早就去买了。可见，客户也是知道价格高的产品质量更好的。销售员在遇到这样的客户的时候，怎样说才能更好地说服客户呢？

1. 强调产品能够给客户带来的好处

首先，销售员要塑造产品的优势，其次，要让客户知道自家的产品好在哪儿。销售员要把着眼点放在产品的使用价值上，可以从产品能为客户节省费用、为客户带来健康等方面入手，打动客户，让客户在衡量利弊得失后，不看价格，而看价值。

2. 突出产品的独特性

要向客户说明，自家产品是最独特的，强调这些独特性是竞争对手所没有的，是不可替代的。要让客户感到如果不在这里买，对他来说将是一个极大的损失，这种情况最适用于实行个性化生产或者个性化服务的厂家销售员。

3. 发挥产品的比较优势

比较法是以自己产品的长处与同类产品的短处相比，使其优势更突出。这点要销售员能对竞争对手、同类生产企业和产品供应商的产品优势和价格非常了解，需要销售员提前做好功课，如果可以把这些资料写在纸上，形成文字的东西，客户对产品优势的认知就更直观了。

销售精英小贴士

　　面对客户说"别人家更便宜"时，销售员不能够轻易妥协，要坚信定价是合理的，如果底气不足就会让客户疑惑，认为还有很大的让利空间，只有让客户自己意识到产品是物有所值的，客户才会爽快购买。

客户说"过一段时间再买"该怎么办

销售箴言

　　如果客户说"过一段时间再买"，销售员要询问原因，主动促成交易。

在销售谈判时，有些客户喜欢说"虽然很好，过段时间再说""过段时间再买"等，在购买时间上拖延。其实真等到下个月，客户或许早忘了这回事，也或许当时客户说这句话，其实就是一种委婉拒绝的方式。销售员面对这种情况，绝不能听之任之，错失销售成功的机会。

情境再现

　　孟林是一家热力公司的销售员。前不久，这家公司研发出了一种新型的节能型燃气炉，这款燃气炉较过去的同类型的产品有很多性能上的优势，而且价格也不算高。孟林对于推销它十分有信心。

　　这天，孟林去拜访一家企业领导，刚开始，这家企业领导对孟林介绍的新产品表现得十分热情，反复向孟林咨询有关情况。于是孟林详细、耐心地向他进行了介绍，对方表示对产品很满意。当孟林询问客户是否确定购买时，客户说："过一段时间再买！"

　　几天之后，孟林再次和这家企业领导联系，同时向对方介绍了一些上次所遗漏的问题，这家企业领导很是高兴，就价格问题和他仔细商谈了一番，并表示一定会购进，但是还要过一段时间。这之后，孟林又询问了几次，客户虽然显得很有诚意，但就是不下单。孟林有点着急，但想到对方表示一定会购买，就想等等再看。

　　半个月过去了，孟林一直没有得到那家企业领导想要购买的消息。慢慢地，双方的热情逐渐消退。这样拖了近一个月后，孟林突然得到消息，那家企业已经从别处进货了。

情境分析

在上面的销售案例中，一开始的沟通并没有问题，但是后来客户说"过一段时间再买"的时候，孟林不应该怀着"这笔大单已经在手"的心理，对客户听之任之，而没有乘胜追击，导致最后和客户接触得越多，客户对产品的热情也越来越少，当客户找到新的热情的时候，已经不想再回头看"旧爱"一眼了。

销售心经

"过一段时间再买"也许源于客户的一种保守心理，那么销售员该怎么做才能让客户放心，促使他们快速成交呢？

1. 强调彼此时间的宝贵

有些客户说过一段时间再买，可能只是习惯性拖延，为防止客户拖延，销售员可以向客户强调彼此时间的宝贵。比如可以说："您看现在上班时间这么忙，如果成交，我尽快给您办手续，到时候这个产品就是您的了，如果您还有什么不满意，我们现在就讨论一下，不喜欢的话您也不用拖到下次，浪费这么长时间惦记，您说是吗？"

2. 强调延迟购买可能会造成的损失

客户购买产品最看重的就是自己的利益。如果客户一直犹豫，销售员可以用翔实的资料和充分的证据让客户意识到延迟购买将会造成的损失。比如，现在不买，将来就可能买不到或需要付出高价；现在不买，就享受不到产品带来的利益，越早购买，产生的利益越大。

3. 满足客户的自尊心

客户如果说过一段时间再买，现在做不了决定，销售员可以通过赞美来满足客户的自尊心，让客户觉得自己是一个有主见、果断的人，完全有能力做出购买的决定。

在销售成功之前，每一个环节都不能大意。客户一开始喜欢最后反悔的案例比比皆是。因此，面对客户的各种异议，销售员都要谨慎对待，想出破解的方法。

客户说"我没有能力购买"该怎么办

销售箴言

客户如果说"我没有能力购买"，销售员首先要学会判断真假，如果证明是托词，要想办法打破这个局面。

"我没有能力购买"是客户用来拒绝销售员的常见说法。但是无论情况是否属实，销售员都不要轻信这个说法，不要与客户争论，而应该适当地赞美客户，然后继续推销。同时，还可以从侧面了解一下客户的预算，以确认客户的真正想法。

情境再现

魏雪峰是一家软件公司的销售员。他的主要项目就是推销办公系统软件。这天他约见了一个客户。

魏雪峰："您好，我是上次和您联系的软件公司的魏雪峰。"

客户："您好，今天过来找我有什么事吗？"

魏雪峰："是这样的，我们公司新研发了一套内部办公系统，能够很快地提高员工的工作效率，我觉得十分适合咱们公司，了解后您一定会感兴趣的！"

客户："我看还是不必了，我公司最近亏损严重，员工工资都快开不起了，没有能力再购买一套办公系统。"

魏雪峰："您真会开玩笑，要是您的公司都亏损了，那其他人的生意还怎么做呀？"

客户："我说的是实话，今年确实亏了很多。"

魏雪峰："您公司的实力这么强都会亏损，看来今年的生意十分难做了。但是我想，咱们公司应该可以支付起这套系统的钱，我们新出这套系统能让您的员工的工作效率提高25％以上，还能实现无纸化办公，您可以算一下，这能为公司省下很大一笔费用，如果公司亏损，正好可以开源节流！"

客户："这样说还是有点道理，或许它真能帮助我们公司扭亏为盈，你跟我详细介绍一下吧！"

情境分析

在上面的销售案例中，客户说"没有能力购买"显然是一种托词，销售员魏雪峰虽然根本不信这个说法，但是并没有立刻反驳，而是先称赞了客户公司实力雄厚，又借着"如果亏损"这个命题，介绍了自家产品可以"开源节流"的优点，引起了客户的注意，为后面的沟通谈判打下了基础。

🔭 销售心经

当客户说"我没有能力购买"时，心里想些什么呢？一些客户可能是真的负担不起，而一些客户可能是托词，或者想要讲价。那么，销售员如何辨别这些情况，并且如何应对呢？

1．以正确心态面对客户

当客户说"我没有能力购买"时，有些销售员表面不露声色，但是常常心里不敢苟同。他们往往觉得"既然没钱，就别看这么贵的东西""不就几百元钱的事，怎么那么啰唆"……于是，在和客户打交道时，难免带出一些轻视的态度，而客户往往是很敏感的。

2．证明价格的合理性

当客户说"我没有能力购买，这太贵了"的时候，销售员要向客户证明产品价格的合理性。并且告诉客户单纯以价格来决定是否购买产品的做法是不全面的，而应该注重产品的品质、功能及附加值等。

3．从其他方面找突破口

如果客户说没钱，销售员不要一直与客户纠缠价格的问题，最好"避开锋芒"从其他方面入手，寻找突破口。比如，可以说"购买产品也是一种投资，将来可能获得收益"等。

❓ 销售精英小贴士

当客户说"我没有能力购买"时，其语气、神态，以及当时的环境、沟通中传递的信息等，都可以作为分析客户真正意图的依据。

客户说"我不喜欢这一款产品"该怎么办

销售箴言

客户不喜欢你的产品不要紧，只要他没走开，销售员就还有机会。

不同的人会有不同的喜好，也许产品很好，但有的客户就是对产品的某一点很不喜欢，尽管其他的优点他也很赞同，但还是表示："我不喜欢这一款产品。"这个时候，销售员不能着急辩解，而是要把产品中客户不喜欢的那一点进行转化，同时还要强调产品带给客户的利益，更好地打动客户。只要客户还没有走开，销售员就有机会扭转全局。

情境再现

陈来是一家办公用品公司的销售员。有一次，他去一家单位推销带有阀门的碎纸机，经过初步介绍后，客户对于产品的质量非常认可，但是对产品的阀门有一些不喜欢。

客户："我不喜欢这一款产品，你这质量确实不错，可是，纸屑圆形出入阀门形状不好看，缺乏美观，我更青睐方形的阀门。"

陈来："您知道在美学中，最完美的图形是什么形状吗？和我们的碎纸机一样，最完美的图形是圆形。中国人喜欢'圆满'，也是这个道理！而且，我们的产品销得非常好，毕竟它的质量十分好。"

客户："我想考虑一下……"

陈来："当然，我还想为您介绍一点，圆形阀门还有一个优点，您看由于圆弧各点的曲率完全相同，在受力的时候整个边受力较为均匀，不容易损坏，一般接触过设计学的都知道，圆形对切纸时的振动承受力比方形大。这种碎纸机使用的寿命更长。您如果购买它，长远来看是十分划算的。"

客户："嗯，你说得对，也许圆形的更好。"

陈来："当然！"

客户："好吧，那就它吧！"

······

情境分析

在上面的销售案例中，客户对产品的阀门表现出不喜欢，但销售员陈来通过头头是道的分析打消了客户的疑虑。因此，遇到客户提出异议时，销售员无须急着去否决，甚至手足无措，应有理、有利、有节地采取应对措施，转变客户的观点，或者给客户一些补偿，促成交易。

销售心经

在销售谈判过程中，客户说不喜欢的情况还是很多的，那么销售员应该如何正确应对，才能让销售成功呢？

1. 不要轻易放弃

很多情况下，客户不是完全不认同产品，而是不喜欢其中的一个小细节而选择放弃。这时候，销售员不要轻易认为这次销售结束了，而应该有理有据、详细地为客户分析，强化产品的优点，转变客户的观点。

2. 帮客户解决问题

客户的小问题就是销售员的大问题。客户既然来买产品就不要让他们抱着遗憾离去，因此销售员要站在客户的立场上，设身处地地为其着想，帮助客户解决问题，这样，即便客户不怎么喜欢销售员所推销的产品，也会因周到的服务和真诚的态度忽略这些小问题而购买产品。

3. 为了表达歉意，可适当优惠

如果销售员提供的产品无法满足客户的需求，为了让客户心理平衡，销售员作为弥补，可以为客户提供一些优惠条件，客户感受到销售员的诚意，还是很大可能购买销售员产品的。

4. 介绍其他相似产品

如果客户确实真的不喜欢这款产品，销售员也尽力了，此时应及时转而介绍其他相近的产品给客户。

❓ 销售精英小贴士

当客户说不喜欢这款产品的时候，销售员要找出客户不喜欢产品的原因，为其进行详细分析，只要客户还没有离开，销售员就有把产品推销出去的机会。

客户说"我更喜欢××品牌"该怎么办

销售箴言

面对品牌忠诚度比较弱的客户，销售员要试着让他们爱上自己的品牌。

新品牌在销售过程中，总是会被别人用来和别的品牌做比较。特别是一些奢侈品，名牌能提升客户的形象，从而满足客户的一些心理需求，然而，盲目追求品牌是一种不良现象。产品还是要看质量、用途等，而且每个品牌都有初始的发展过程，名牌不是"生"来就受欢迎的，因此当客户说"我更喜欢 ×× 品牌"，销售员要针对质量、用途来为客户普及知识，让客户爱上自己的品牌。

· ·

情境再现

案例一

一家大商场最近入驻了一个新的品牌包店，小丝是这家店的销售员。

客户："你好，你们店里的包挺好看的，可是你们这个牌子很少见呀！"

小丝："我们是一个新的品牌，现在知名度不高，是因为宣传时间太短了。不过我们品牌的首席设计师十分有名，最近还在国际皮具箱包设计大赛上拿奖了呢！"

客户："是吗？可是相比之下还是 ×× 的包更加出名啊，我还是更喜欢 ×× 的包。"

小丝："您非常有眼光，不过，品牌不出名不代表质量不好。相反，我们的品牌正在爬坡期，对于质量这一关卡得特别严，您仔细看下您手里这款包。它的做工十分精细，设计的样子也很新潮。"

客户："嗯，的确挺好看的。"

小丝："这只是其中一款，您看看这边的款式……"

最后客户在小丝的推荐下，买了一款价格最贵的包。

案例二

小跃在一家家用电器店做销售员。这家店虽然不如一些大品牌的店那么客似云来，但是来逛的客户还是很多的。这天，有个客户想要买个抽油烟机，小跃热情地给客户做了简单介绍，然后问客户的感受。

小跃："我刚刚为您介绍的这套抽油烟机您觉得怎么样？"

客户："这……你说得挺好的，可是我觉得还是 ×× 品牌专柜的更让我放心。"

小跃："当然，他们店的机子品牌质量也是相当好的，可是咱们的机子也有很多的优点，比如风量更高，价格更低。"

客户："这……我觉得还是 ×× 品牌专柜的一款更符合我的要求。"

小跃："我认为，多看看同类产品对您最后选购产品有好处，您再了解下我们的产品吧，不买也没关系，抽油烟机的很多东西都是相通的，如果您有什么问题可以问我，我非常愿意为您服务。"

客户："哦，那我向您请教下抽油烟机免拆洗的好还是自动清洗的好？"

小跃："抽油烟机的拆洗一直是广大消费者最头疼的问题，您看这款，它的最大优点就是……"

客户："谢谢你的详细介绍。"

小跃："没关系，为您服务是我们的职责，您还有什么疑问尽管提出来，我会尽量为您解答。"

客户："不用了，了解后我觉得你们店里的抽油烟机也不错，特别是你刚才演示的那款……"

情境分析

在案例一中，客户虽然更喜欢 ×× 品牌的箱包，不愿意接受一个新的品牌，但是销售员小丝为客户展望了一下自己公司的未来，并且介绍了产品的优点，夸赞客户眼光好，最后终于打动客户，成功推销出了一款包。

在案例二中，客户虽然更喜欢××品牌的抽油烟机，但是小跃通过优质的服务，为客户做详细的解答，最后留住了客户，让客户选择了自家的抽油烟机。

两位销售员都做得十分好。

销售心经

销售员热情地为客户介绍产品，却发现客户心里喜欢的是其他牌子的产品，这不免会让销售员感到失落。难道销售从现在起就要终止了吗？如何才能快速挽回客户，让客户爱上自己的品牌呢？

1. 不要贬低竞争对手

一味地贬低竞争对手，这个做法绝不明智，一来推销自己的意图太明显了，容易使客户心生厌烦；二来没有十全十美的产品，有时贬低别家的同时也是打自己的脸。

2. 让客户放松心情

用软磨硬泡来转移客户的注意力并不是一个好的方法，相比推销，客户往往还是喜欢自己做决定。因此，如果客户说更喜欢别人家的产品，销售员要采取"宽松"政策，告诉客户不买没关系，多了解了解总没坏处。"宽松"的最终目的是进一步接近客户，让客户进一步了解自己的产品，给自己的产品一个机会。

3. 真诚为其介绍

态度是最能影响客户选择的要素。即便客户很坚定地表示已经看上了其他产品，但只要客户有疑问，选择就没有结束，销售员要真诚地为其介绍和解答，展示自己产品的优点。没有购买前一切都是充满变数的，因此一定不要放弃努力。

4. 要给客户带去信心

销售员还可以向客户提供一些具有说服力的资料，或是承诺质量保证，或是证明公司优秀的经营管理能力和较强的进货能力。还可以为其介绍一些该品牌的销售状况和发展前景等，以增强客户对品牌的信心。

销售精英小贴士

> 除了上面的要点外，销售员还可以适时引导客户体验"新"产品，或者用赠送一些礼品的方法来让自己的品牌升值。随机应变，争取打动客户。

第八章

应对僵持：不要轻易让步，
谁有耐心谁赢

　　和客户谈判的时候，免不了因为一些矛盾而陷入僵持。这个时候，如何能够顺利过关，就需要销售员认真思考了。销售员可以借鉴一些常用的方法来打破僵局，但是注意不要抱着急切的心理轻易让步，销售之中，"耐心"为王。

销售博弈中"耐心"为王

销售箴言

多一些耐心，多一份业绩。耐心会让你得到原本"毫无希望"的订单。

销售沟通和谈判不可能一蹴而就，它往往会是一个不断较量的漫长过程。在这个过程中，耐心显得很重要。俗话说，"心急吃不了热豆腐"。想要说服客户，促成最后的交易，就要学会多一点耐心。耐心是销售员工作中有效沟通的必备因素。

情境再现

案例一

陈冲是一家家电公司的销售员。他对待客户十分热情，但就是性子有点急，缺乏耐心，每次和客户沟通到最后就开始着急。

有一次，一个客户来到店里想买个加湿器。陈冲在和客户沟通了两分钟以后，看客户还在东挑西挑，陈冲的情绪就开始出现波动。

陈冲："我为您介绍这么长时间了，您还不做出决定吗？"

本来客户还在考虑是否选购，听到陈冲说的这一番话之后，一句话没说，转头就走了。

还有一次，一个老太太在陈冲这里买了一台煎蛋机，但不知道怎么操作，就拿回店里，让陈冲给她做示范。陈冲给老太太讲了一遍，演示了一遍，可能是由于年龄太大的缘故，老太太还是没明白。在老太太问第五个问题的时候，陈冲就开始没有耐心了。

陈冲："这很简单啊，其他客户我讲一遍就会了。"

老太太听了很生气，立刻把那台煎蛋机退了。

案例二

销售员刘奎计划向一家公司开展企业团体险销售，但是这家公司下面的负责人声称他们不缴纳保险，很多前来推销的人最终都失败了。面对这种情况，刘奎并没有退缩，他决定拜访这家公司的老总。

一直被拒绝，但是一直坚持拜访的刘奎经过两个多月的时间，终于被老总同意接见了。然而，等他做了一番介绍，向其说明早已准备好的方案时，老总打断了他："这种方案，不行！不行！"随即离开了。

回去后，刘奎反复推敲、认真修改了方案，第二天下午又去拜访老总。对方依旧是冰冷地回复："这样的方案，还是不行。"

面对客户如此坚决且无礼的拒绝，刘奎有些失落，但他还是暗下决心："总有一天你会从我这里买保险的！"

接下来，他又去请教有经验的同事，并对那家公司的情况进行了更为仔细的研究，最终制定出一份全新的解决方案。当他再去拜访那位老总时，老总对他的方案非常满意，并将方案推荐给其他领导，最终这家公司购买了他的企业团体险。

情境分析

在第一个销售案例中，没有耐心的销售员陈冲注定了会失败。第二个销售案例中，销售员刘奎终于靠忍耐和坚持取得了成功。首先，如果客户犹豫不决，销售员应该耐心等待，而不是像陈冲这样一催再催，这样会引起客户的反感；其次，如果在给客户演示产品使用的时候，客户理解力稍差，销售员要耐心地重复讲解，而不能讽刺客户，就像陈冲那样；最后，如果客户对销售员讲的话表示怀疑，销售员一定要沉住气，而不要冲动反驳。销售成功的秘诀就是忍耐和坚持，这种精神可以帮助销售员拿到本来"毫无希望"的订单。

销售心经

如果销售员心里有"要买就快点儿，别耽误我的时间"的想法，客户心里就会有"又不是只有你这一家"的想法。情绪是销售过程中最能感染客户的。所以，销售员必须要有耐心。关于这一点，销售员要注意哪些呢？

1. 不要急功近利

销售过程一定不要显得急功近利。多点耐心是非常有必要的，它可以让销售员更深入地了解客户，与之建立起良好的关系。如果急功近利，客户也能感觉到，这会让客户十分不舒服。耐心地将每次销售工作做好，是对客户的一种尊重，也是赢得客户尊重的方法。

2. 遭到拒绝后及时分析原因

如果客户最后拒绝成交，销售员不要着急打退堂鼓，而要及时分析失败的原因，只要客户还没有离开，就有挽回的机会。如果急着放弃，很可能错过一个优质客户，最后"成全"竞争对手，自己后悔莫及。

3．客户的倾诉要仔细聆听

有一些"话痨"的客户在购买产品的时候，总是对销售员进行各种倾诉，比如上次在哪个店买的什么东西，那里的销售员如何。这个时候，不管客户说的话好听还是不好听，销售员都要注意保持冷静，可以把客户往自己产品上引导，而不要表现得很没耐心，随意打断。

4．客户遇到问题耐心解答

在销售中，销售员常常会遇到一些谨慎的客户，他们对产品的疑问总是层出不穷，有的甚至销售员已经重复好几遍了，但是仍然在问。这个时候，销售员一定要有耐心。即使最后客户没有购买产品，也会留下一个好的印象，下次客户再来，销售就容易多了。

销售精英小贴士

销售是一场博弈，如果销售员时刻保持情绪稳定，客户就会产生信赖感；如果销售员表现得急躁、没有耐心，客户就会产生离去的想法。

一定要成交的心理会让你很被动

销售箴言

销售谈判的过程中，一定要成交的心理会成为销售员的"软肋"，让销售员陷入被动。

销售员自然都向往"成功"，但是如果在僵持的过程中，销售员抱着"一定要成交！一定要成交"的急切心理，很容易表现出一种激进的状态，这会让销售员处于被动地位，而让客户处于主动地位。因为对于客户而言，如果发现销售员很想成交，那么他就会产生疑虑，就有了压价、提条件的理由和底气。如此一来，销售过程就会更加困难。所以，销售员一定要抛弃"一定要成交"的心理，用稳定心态来谈判。

情境再现

许佳是一家食品公司的销售员，她是个精明能干、争强好胜的人，平时早出晚归、兢兢业业，还因为业绩突出荣登过公司里的销售光荣榜。但是最近，公司里新来了几个销售员，业绩也很突出，其中有一个远远超过了许佳。许佳心里十分不快，不甘心就这样被比下去。

于是，每次有客户光临，许佳总是希望客户能够立刻购买自己负责销售的产品，她不停地催促客户，殷切地看着客户，希望客户能尽快成交。然而客户并不如她想的那样干脆，许佳感觉自己这样很被动，她觉得客户似乎没有以前那么好说服了，却不知道原因出在哪里。

久而久之，许佳的业绩每况愈下，心里更加着急。在销售中开始手忙脚乱，为了追赶他人的销售业绩，她越是想要成功越是成功不了。慢慢地，许佳开始变得脾气暴躁，在工作中频频出错，最后受不了压力只能辞职。

情境分析

在上面的销售案例中，销售员许佳陷入了一个恶性循环。俗话说，欲速则不达，在与客户沟通商谈的过程中，许佳因为保持着一定要成交的心理，急于求成，导致自己陷入被动。这样做不仅没能提高业绩，反而严重影响了工作，最后自己也慢慢失去了信心。

销售心经

在销售谈判中销售员要能沉得住气，特别是陷入僵局的时候，更要如此。急切的心理只会让销售员更加被动。那么，销售员要如何做呢？

（1）当客户出现"排斥"情绪时，不要急着去问他"买，还是不买"，这样做的结果通常适得其反。如果销售员太心急，给客户的压力太大，客户就会找一些借口，例如太贵、不太喜欢、有些地方不满意等，加以拒绝。

（2）销售员在签单之前陷入僵局时，更不能表现出"一定要成交"的急切心理。即使客户想要反悔，销售员也不要感情用事，将脾气发到客户身上，这样会使自己受到客户及旁观者的指责和批评，最终失去更多的客户，得不偿失。

（3）销售员要学会享受销售工作，在遇到僵持的时候，从容不迫，保持一种积极的心态和不急不躁的情绪，化解各种危机，使自己在销售的最后时刻依然游刃有余，这样成功的概率自然会大很多。

销售精英小贴士

僵持中，保持"一定要成交"的心理会给销售工作带来很多负面影响。销售员要调整自己的心态，保持冷静和慎重，注意销售的节奏，保持一颗平常心，这样客户才会觉得销售员胸有成竹，对产品的认同度也会提高。

假借上级或其他部门人员的意思来搪塞过关

销售箴言

当销售陷入僵局时，可以假借上级或其他部门人员的意思来搪塞过关。

某位营销大师曾经说过："销售员和客户在价格谈判过程中产生异议、陷入僵局，是一种很常见的情况。因为客户对价格有异议，才表明他想与你达成价格协议。"因此，销售员在和客户因为某些问题陷入僵局的时候，要多思考，想着打破僵局而不是放弃。有的时候，假借上级或其他部门人员的意思来搪塞过关，也是个不错的主意。

情境再现

案例一

李成在一家电脑公司做销售员。现在电脑更新换代很快，李成的销售业绩一直不错。这天，他拜访一位客户。经过一段时间的洽谈之后，客户对他的产品表现出了浓厚的兴趣，正好他也很想为公司添置一些新的设备，但是最后，双方在价格上出现了分歧，让沟通出现了僵局。

客户："你们要的价格太高，我们承受不了，而且我们现在用的电脑虽然旧一点，但是并不影响正常工作。"

李成："我给您报的价格就是促销价，已经十分优惠了，真的不能再少了。"

客户："我们要订购几十台，你还出那么高的价格。你再降一降说不定我们还有的谈。"

李成："现在产品更新换代越来越快，它可不同于桌子上的这杯清茶，时间越久味道越香浓。相反，越新的科技带来的企业效益越多。很多高科技的案例我想没有必要多举了吧。而且这个价格已经是市场上最低的了，真不能再降了。"

客户："这样吧，每台降低300元。"

李成："您真是个杀价的行家，但是这个价格我已经不能做主了，如果您再多订购一些，我向上级申请一下，您看如何？"

客户："好吧。"

案例二

销售员方源这次要面对的客户十分难缠，因此，一开始报价方源就是按照原价走的，因为他知道，谈判中客户肯定会要求他再降价的。

不出所料，前面都很顺利，一谈到价格的时候，客户就提出了尖锐的问题。

客户："您看我们双方不是第一次打交道了？可以给我些优惠吗？要不这单生意可就黄了！"

方源："我们的产品您是了解的，这个价格它可不高！"

客户："你看，跟你接触这么长时间了，大家还是透个底吧！最近其他公司也在频频与我们接触，他们的产品也不差，难道不是吗？"

方源："好吧，您出个价吧，我向上级反映一下，接触了这么长时间，我非常希望能和贵公司长期合作下去！"

客户："再降10万元吧！"

方源："10万元？您不是拿我开涮吧！您把我们的产品当成什么了，

这太不可能了，我可没法去跟我的领导说！"

客户："小伙子，别急啊！那我让一步，你再降 5 万元，怎么样？"

方源："这还差不多，不过降这么多，我必须得请示一下领导，您稍等！"

方源走出会议室，拿着电话假装给领导打电话。不一会儿，他回到谈判桌前。

方源："您的要求我们可以考虑执行。不过我们领导说了，按这个价格您需要在原有订货量基础上增加 20%，而且要预付款。您考虑考虑！"

客户："嗯，不用考虑了，就这样吧，你的合同我再看看！"

情境分析

在第一个销售案例中，李成和客户的谈判因为价格的原因发生分歧，客户一再试探李成的底牌，李成据理力争，最后通过假借上级来争取让客户多订几台才给便宜的价格，整个销售还是很成功的。

在第二个销售案例中，客户虽然喜欢方源销售的产品，但是还是想要更优惠的价格，方源通过假借领导之手，把客户可能会降的价格幅度控制在可控范围内，最终并没吃亏，反而让客户又增加了 20% 的订货量。

销售心经

只要有谈判，难免会出现僵局。面对僵局，销售员不要轻易让步，而要耐心思考如何破除这些僵局，假借上级或其他部门人员的意思来搪塞过关是其中一个办法。那么，具体应该从哪几个方面入手呢？

1. 事先筹划，准备好说辞

销售员如果意识到客户可能会讨价还价不轻易让步，可以事先筹划一下自己的销售计划, 准备好说辞, 把握好自己的价格底线, 以免僵持的时候只能一退再退。

2. 把尊重放在第一位

销售员首先要把尊重放在第一位。无论客户持什么态度, 销售员都要尊重客户, 这是销售的基本要求。假借上级或其他部门的意思来搪塞客户, 这个过程要表现得比较委婉, 客户才会买账。

3. 适当让步

谈判陷入僵局后, 能否扫除障碍, 获得最后的成功, 完全取决于销售员采取怎样的措施。销售员在双赢的基础上, 可以假借上级或其他部门的意思选择适当让步, 以让谈判能够继续下去。

销售精英小贴士

遇到价格僵局或者其他异议的时候, 可以假借上级或其他部门成员的意思来搪塞过关, 但是, 销售员要注意了, 太假借别人的意思, 会显得自己很没主意, 客户也不会特别相信你, 因此, 假借他人之意, 适当的时候适当地使用, 才会有好的效果。

以"拖"字诀来应对谈判僵局

销售箴言

"拖"字诀的真谛: 只要不放弃, 永远有机会。

谈判是一个相互合作、最终实现共赢的过程。因此, 销售员在与客户的谈判中出现僵局是很正常的事情。虽然遇到这种情况，逃避退缩毫无用处，但是，稍微"拖一拖"，等气氛不这么紧张了再谈，说不定能起到很好的作用。

情境再现

魏小满是一名葡萄酒公司的销售员。最近，他瞄上了一家新开的规模较大的酒吧，想向酒吧的老板推销自己的葡萄酒并长期合作。

魏小满："您好！我是葡萄酒公司的魏小满。"

客户："哦，找我有什么事吗？"

魏小满："我想向您介绍一下我们公司最畅销的葡萄酒，您现在有时间吗？"

客户："我最近很忙，没时间。"

魏小满："这样啊，那打扰您了，过几天我再过来吧！"

魏小满觉得气氛有点僵，但是他不想放弃，准备"拖"一段时间再来拜访。一周后，魏小满又来到了这家酒吧。

魏小满："老板！最近生意可好？"

客户："唉，一开始两天还挺红火，但是现在客流量慢慢变少了，生意不好做啊！"

魏小满："看您最近瘦了不少。"

客户："是啊，天天为营业额发愁呢！"

魏小满判断出现在的气氛虽然不差，但还是不适合推销，想要再"拖"一阵，于是和老板寒暄了一番，离开了酒吧。

两周后，魏小满再次来到了酒吧。

酒吧老板看到他后,竟然能够认出来,主动上来打招呼:"小满啊,好久没来了!"

魏小满:"是啊,最近订单比较多,忙不过来。"

客户:"哦,看来你们公司的葡萄酒真的很不错呀。"

魏小满:"您要是不介意,我给您介绍一下?"

客户:"行啊!"

．．．

情境分析

在上面的销售案例中,销售员魏小满利用"拖"字诀来进行销售,虽然整个过程用的时间长了点,但是"拖"的那段时间为销售成功打好了基础。在谈判陷入僵局的时候,稍微拖一拖,可以打消客户的疑虑,有的时候,还会让客户产生好奇心,增加客户的购买欲。

销售心经

利用"拖"字诀要注意哪些呢?

1. 销售过程不能心急

由于大多数客户都很忙,有的销售员会觉得见一次面不容易,所以极尽所能地缠着客户,千方百计地想说服客户。实际上,这是一种心理错觉。正所谓"催得越急,跑得越快",拖一拖反而效果会更好。

2. 主动和客户说再见

深谙客户心理的销售员总是能尽快且完美地结束谈话,在恰当的时候主动起身,对客户说:"感谢您抽出时间和我谈话,改天我还会来的!"这样一来,客户就会觉得你是一个很懂得拿捏分寸的人,是一个识趣的人。

有的问题可以放在下次见面再说,"拖"一阵客户也会好奇一阵,对产品的印象更深。

3. 恰当的时机成交

"拖"了几次后,客户慢慢熟悉了销售员的面孔,放下戒心,还会形成"这个销售员还不错,他的产品也错不了"的念头。这个时候销售就特别容易成功了。

销售精英小贴士

利用"拖"字诀有两个忌讳。第一,僵局的时候把问题"拖"到下一次,但是这个下一次的时间不能太久,否则客户会忘记上一次的介绍,气氛可能依然僵硬;第二,利用"拖"字诀并不是死缠烂打,销售员要注意分寸,不厌其烦的拜访很可能起到反面效果。

主动提出休会,缓解谈判气氛

销售箴言

当无论用何种方法都无法说服彼此的时候,销售员可以和客户暂时休会。

有的时候,如果谈判到了实在无法进行的地步,中途休会也是打破谈判僵局的一个很好的对策。利用中途休会,双方可以先将问题搁置,缓和一下针锋相对的矛盾,给双方留下一个冷静思考的时间,稍事休息再提出自己总结出的观点，这样反而能够达到一个更好的效果。

情境再现

孔翔是一家机械公司的销售员，这天，他和客户洽谈一笔业务。孔翔对自己的产品充满了信心，因为它是同类产品中质量最好的一款，以自己对客户的了解，加上产品的产量，这次洽谈一定能卖个好价钱。

开始还比较顺利，但当谈判进行到最后关头时，双方还是因价格产生了分歧，交谈陷入了紧张的氛围当中。这时候，孔翔提出暂时休会，站起来去了洗手间。

客户看到孔翔离开后，怀疑自己是不是给的价格确实太少了，因此他又拿起别人家的资料开始和孔翔的产品进行比对。

过了一会儿，孔翔回来继续洽谈："张老板，一分价钱一分货，长期来看，好的产品带来的利益更大，您说是吗？"

客户下意识地点了一下头。

孔翔："那么，对价格您给我写一个数吧，看过之后如果可以，我们就成交。"

客户写下了一个比较高的数字，最后孔翔成功地拿到了一个大单。

情境分析

在上面的销售案例中，当双方因为价格问题陷入僵局时，销售员孔翔提出了休会。因为在销售的过程中，客户也好，销售员也罢，都可能因为自身的利益而"冲昏头脑"，与其愤然离去，还不如提出休会，让彼此冷静一下，提出一个双方都可以接受的价格。

销售心经

谈判出现僵局，双方情绪都比较激动、紧张，会谈一时也难以继续进行。这时提出休会是一个较好的缓和办法。这样做还有哪些好处呢？

1．缓和谈判双方的不满情绪

在谈判的过程中，销售员和客户常常会因为问题得不到认同，而对对方产生不满情绪，等这个不满情绪达到顶点时，就出现了僵持的状态。这个时候提出休会，可以缓和一下僵硬的气氛，避免一时冲动。

2．应付谈判出现的新情况

谈判的过程瞬息万变，客户和销售员都可能会出现一些在意料之外的新情况，比如体力不支或情绪紧张等，适当的时候休会，有利于销售员调整自己，便于后面更加融洽的交谈。

3．仔细考虑争议的问题，构思解决的办法

有的时候，遇到一些有争议的问题，销售员想拿出一些证据，但是手里并没有资料，因而无法取信于客户，以证实自己原来观点的正确性。适当的时候休会，可以让销售员思考新的论点，检查原定的策略，准备资料，想出解决问题的办法。

4．集思广益，探索变通途径

谈判遇到僵局而无法打开时，销售员可能会需要一些指点，如果暂时休会，就有机会集思广益，寻求前辈的帮助，探索变通的途径，成功打破僵局。

5．阻止对手提出尴尬的问题

如果销售员预料到客户可能会提出一些尴尬的问题或者方案，可以利用休会来表示自己需要慎重考虑，或者不接受。

？销售精英小贴士

　　暂时休会有时有利于打破僵局，但是销售员要学会察言观色，休会的前提是客户对产品感兴趣，有很强的购买欲望，不然就算中途停止，也起不到好的效果。

用语言来鼓励对方打破僵局

销售箴言

　　当客户最后还在犹豫的时候，销售员可以适当用语言鼓励客户购买。

　　用语言来鼓励客户，也是打破僵局的一种手段。比如，销售谈判最后阶段，客户不说买也不说不买，气氛陷入僵局时，销售员可以用语言鼓励对方："看，我们已经谈了这么久了，许多问题都已解决了，就剩一个小小的问题了，如果因为这个小小的问题就错过这件产品，那不就太可惜了吗？"这种说法，看似很平常，实际上却能打动人，发挥很大的作用。

情境再现

　　彭娟在一家商场女装部做销售员。

　　一天，有位中年女士来到彭娟负责的服装区域。女士在服装区转了一圈后，目光停留在一件天蓝色的连衣裙上，她左看右看，拿起来又放下，好像是很喜欢，但却犹豫不决。彭娟走上前去，为客户介绍了那款裙子的质地及设计理念。可是，这番介绍并没有打消这位女士的疑虑，场面有些僵持。

　　彭娟："买东西确实要精挑细选，这是对自己负责，也是对买的东西负责。不过，我还是想了解一下，您是哪个方面拿不定主意呢？"

　　客户："嗯，这件衣服款式还不错，只是颜色太亮了。"

　　彭娟："您是担心这颜色不适合您，是吗？"

　　客户："是的，这个颜色好像是小姑娘穿的，我以前从来没有穿过这么亮的颜色，但是款式我倒是很喜欢。"

　　彭娟："其实您大可不必担心，您看您的皮肤白皙，而且透着红润，从色彩搭配上来看，这样的肤色很容易搭配衣服。而且尤以明快的黄色和蓝色为宜，穿出来的效果也最好。这件亮色的，您穿上肯定没问题。再说，您这个年纪其实是花开正好的年纪，颜色太沉闷反而有些可惜，这样吧，您先试穿一下，也花费不了太多时间。"

　　客户："好吧。"

　　女士换好连衣裙后，从试衣间里走了出来。彭娟把她引导到试衣镜前，赞美道："您看，您穿这件裙子不是挺好看的吗？就像给您量身定做的一样，如果不穿在您的身上就太可惜了，您觉得呢？"

　　客户："嗯，这么穿起来看倒不是很显嫩，还是挺有气质的。就要这件了，你现在给我开票吧！"

情境分析

在上面的销售案例中，客户对一件亮色裙子表现出恋恋不舍却又犹豫不决，说明她对产品非常有兴趣，只是觉得颜色太过鲜亮不适合自己的年纪，所以不好拿主意，而要消除客户的这一疑虑，最好的办法就是用言语来鼓励客户试一试。销售员彭娟就做得非常好，她用专业的知识和眼光，分析这件裙子其实很适合客户，让客户产生"试一试"的念头，最后试穿效果确实不错，因此客户很痛快地让彭娟开票了。

销售心经

如果销售陷入僵持，客户拿不定主意，销售员可以用言语鼓励的方法促使客户下定决心，特别是对于一些比较没有主见的客户，这种方法更有效。那么，如何用语言来鼓励客户以打破僵局呢？

1．多问一个"为什么"

在客户表现出犹豫不决时，销售员要通过观察、提问等方法找到客户真正的担忧所在。客户碍于面子，多少都会透露一些犹豫的原因。这样，销售员就知道应该从哪里入手来说服客户了。

2．了解客户最关心什么

客户最关心的问题往往是打破僵局、成功说服客户的突破口。比如，看重品牌的客户一般对价格不是非常敏感，而更关注产品的材质、质量、适不适合自己等，而看重价格的客户对是否是知名产品可能并不关心……不同客户情况不同，对同一产品的态度、疑虑也不一样，关键看销售员是否能够掌握客户的真正关注点。

3．围绕疑虑提出鼓励意见

销售员在介绍产品时，不要只充任"资料分发员"的角色，当客户有问题咨询和疑虑提出时，如果给出专业意见，销售成功的概率会大大提高。用专业的意见来鼓励客户，客户也会更加相信销售员，认可销售员的想法。

销售精英小贴士

叙叙旧情，强调双方的共同点；或者通过回顾双方以往的合作历史，强调和突出共同点和合作的成果。这些都能鼓动客户打破僵局，帮助客户下定成交的决心，这就是语言的魅力。

"非正式会谈" 往往能打破谈判僵局

销售箴言

正式会谈总是太严肃，如果找不到突破口，不妨试试"非正式会谈"。

正式会谈不是每一次都能顺顺利利，有时候双方就某一问题会发生争执，各持己见、互不相让，甚至话不投机、横眉冷对，这种环境自然不利于下一步的谈判。冤家宜解不宜结，销售员要打破这种局面，不妨利用"非正式会谈"的方法，在工作中和客户友好沟通。

情境再现

韩秀敏是一家电信公司的优秀销售员，她被公司指派去拜访一位客户。

在拜访之前，她通过询问前台发现，原来在她之前，已经有很多家电信公司的销售员来拜访过了，而这些电信公司中不乏实力很强的对手。

韩秀敏的第一次拜访被拒绝了，但是她没有气馁，准备详细地了解这位客户再来拜访。通过观察，她发现这位客户略显消瘦，还总是带着疲倦的神情。为什么会这样呢？她打听到，这位客户与其瘫痪的妻子之间有着非常深厚的感情。现在妻子因为一些原因再一次住院了，因为该客户在日常的生活中，需要同时肩负家庭和事业的双重责任，所以经常急急忙忙，对身体不是很顾惜，甚至吃口热饭的时间都没有。

韩秀敏觉得找到了推销的突破点，在第二次的拜访中，她以公司的名义送给客户一个微波炉，但是客户依然没有点头，气氛仍然尴尬。后来，韩秀敏亲自拜访了客户的妻子，与客户的妻子保持了良好的关系。最后，客户通过和韩秀敏在医院的碰面签订了合作协议。

情境分析

在上面的销售案例中，销售员韩秀敏最终通过"非正式"的拜访和会谈，最终打败了众多的竞争对手，赢得了客户的合作。有位销售大师曾经说过：走进对方的生活，会更容易让客户接受你，从而能够接受你的产品。日本人也有一句极为经典的话：买卖是爱。这种"爱"在私下里的非正式场合最容易建立，所以，销售员要善于利用"非正式会谈"来促进销售谈判的成功。

销售心经

在非正式谈判中，因为双方可以无拘无束地交换意见，所以成交的概率会变大。如果正式谈判出现僵局，可以通过场外沟通的方式来消除隔阂。

（1）通常情况下，客户在正式场合严肃、固执。如果情景换作非正式场合，客户就会随和得多，这时销售员可给予其恰当的恭维，客户就有可能做出较大的让步，以打破僵局。

（2）如果客户喜欢郊游、娱乐，销售员可以邀请客户从事这些活动。这样在正式会谈中谈不成的，在客户放松、开心的情况下就有可能谈成，从而打破僵局。

（3）当谈判陷入僵局，销售员可以通过第三方的介绍在非正式场合进行私下会谈，无拘无束地表达意见。

（4）在非正式场合，可由销售员提出建议、发表意见，以促使客户思考，因为即使这些建议和意见客户并不喜欢，对方也不会追究，毕竟这不是正式场合。

（5）非正式场合销售员和客户可以更深刻地了解彼此，拉近彼此的距离，这样容易让客户对销售员怀有好感，从而对销售员的产品也抱有好感。

销售精英小贴士

非正式场合，销售员也要表现得体，而不是为所欲为，这样起不到好的效果。此外，与其直接介绍产品，不如谈些有关客户妻子、小孩的话题或谈些生活中的小事情，让客户喜欢你。联系人与人的，不仅仅是物质利益，更重要的是情感。这才是推销的真谛。

利用"馈赠"打破谈判僵局

销售箴言

予人玫瑰，手有余香。"馈赠"是打开僵局的好办法之一。

销售员常常会碰到僵持的局面，这种情况下，如果无论如何都打不开局面，不妨试试馈赠的办法。馈赠是迅速拉近人们的距离，使客户对销售员产生好感的捷径，当然，馈赠也是要讲究方法的。馈赠的东西，最好是客户比较需要的，而且不宜太贵重，不然会给客户造成一定的心理压力。

··

情境再现

张伟明是一家饮料公司的销售员。最近，当地又开了一家连锁超市，张伟明决定向超市老板推销自己的饮料。虽然张伟明拿出了自己最大的诚意，然而这家新连锁超市的老板总是对他态度冷淡。对张伟明的推销总是敷衍了事，但是，张伟明并没有放弃。

这天，张伟明又来拜访这位老板。

客户："你怎么又来了？我不是说了吗，我十分忙，根本没有时间听你介绍饮料。再说，我们店里都已经有6个品牌了，货架摆得满满当当，再也没有增加的必要了！我这儿没时间和你聊天，你还是赶紧走吧，以后不要来了！"

听到这里，张伟明一反常态，不再像以往那样笑脸相迎，而是一脸严肃。

张伟明："季老板，我每次来的时候，你的情绪都十分焦躁，脸色也很差，到底怎么搞的啊，遇到什么难事了吗？"

客户顿了顿，长舒了口气。

张伟明："季老板，我拜访您多次了，您总是这样焦虑可是对身体不好，到底是什么事让您这么烦呢？"

客户："哎，别提了，我本来招了六个员工，每人主管一个区域，结果，前两天有两个人辞职，后来因为劳累，剩下的几个员工也请假的请假，辞职的辞职了，生意这么忙，自己做老板还要做员工，新招人又需要时间，烦死我了。"

张伟明："就为这事啊，人员管理确实是个问题。这样吧，我认识附近不少的商户，看看他们那边有没有招员工的，顺便也给您招一些过来。另外，我有个朋友的妹妹也在找工作，我问问能不能来上班。"

客户："是吗？那太好了，今天我可是遇到贵人了，人手不足，快愁死我了！"

张伟明："我回去就问问我朋友，然后给您打电话，您就放心吧。这事您要是早跟我说，没准超市早走上正轨了！"

说完张伟明作势要离开。

客户："要走吗？要不，再坐坐吧。"

张伟明："您今天情绪不好嘛，我改天再来拜访吧！不过，正好今天我车上带着一箱果汁，送给您尝尝！您叫员工来搬一下吧！"

后来，客户也从张伟明那里进了不少饮料。

情境分析

在上面的销售案例中，销售员张伟明遇到僵局没有退缩，而是转换销售的方法，利用帮助客户解决烦恼，"馈赠"客户产品，最后赢得了客户的信任，双方达到了"共赢"。

销售心经

利用"馈赠"打破谈判僵局是一种比较多见的方法。有些销售员因为没有见到利益，因此对客户"馈赠"也大方不起来，这点需要注意。那么"馈赠"打破僵局具体如何应用呢？

1. 赠送礼品，打破僵局

销售员在和客户谈判的僵局下，适当地赠些礼品，会增进双方的友谊，对沟通双方的感情起到一定的作用。这本是普通的社交礼仪。而西方学者则幽默地称之为"润滑策略"。销售员给客户赠送了礼品，等于直接明确地向客户表示"友情第一"。

2. 适当的馈赠

馈赠要讲究艺术，一是注意对方的习俗，二是防止"贿赂"之嫌。馈赠礼物需是在社交范围之内的普通礼物，突出"礼轻情义重"。如果馈赠的礼品比较贵重，通常意味着对方要在谈判中"索取"较大的利益，会让客户觉得"消受不起"。

销售精英小贴士

"馈赠"不单单是指赠给客户一些东西，有的时候也可以"馈赠"给客户一个帮助等。总之，"馈赠"的是什么并不重要，重要的是应该让客户感到"馈赠"中的关心。

破局成交：利益达成一致，
共赢点最重要

销售员要重视谈判的第一步，也要重视谈判的最后一步。很多客户在谈判的最后一步总是停滞不前，销售员又不好急着催促，这个时候怎么办呢？关于破局成交我们总结了很多方法，销售员可以借鉴学习，争取最后和客户利益达成一致，实现共赢。

可以让步，但一定要提出条件

销售箴言

为了成交可以让步，但是一定要提出条件。

价格是客户最计较的因素之一。如果非要通过价格让步才能成交，销售员可以适时地做出一定的让步，这样看似给了客户更大的优惠，其实是一种共赢的局面。当然，让步是一定要讲究"度"的，如果销售员让步后很吃亏，那么这就不能算作一次成功的交易。销售员可以让步，但一定要提出条件。

....

情境再现

案例一

温文是一家化妆品公司的销售员。这天有位女士来买化妆品，温文热心地为她进行介绍。

温文："你好，您想看看什么？"

客户："哦，能不能帮我推荐一款爽肤水。"

温文："我觉得这款很适合您，您皮肤比较白，只要稍微保湿就可以，这个牌子的爽肤水温和无刺激，味道清香，保湿效果也不错。"

客户："嗯，看起来不错，这款怎么卖？"

温文："169 元。"

客户："这么贵，150 元行吗？"

温文："对不起女士，这款爽肤水进价就比较高，所以就没有折扣。"

客户："那好吧，那我不要了。"

温文仿佛下了很大的决心："您不试试这款很可惜的，好吧，这都快下班了，我就勉强做您这笔生意，最多搭上我的提成，就 150 元吧，不过您可不能白白让我损失提成，下次有什么需要记得要找我。"

客户满脸欣喜："一定一定，帮我包起来吧，我下次一定来。"

案例二

销售员季秋正在向一家公司销售一款电脑安全维护系统，前面的交谈很顺利，客户对这套系统很认同，然而到了价格这一步，客户开始犹豫不决。

季秋："冯经理，我们这套维护系统肯定是该领域中的佼佼者，可以给您的公司带来很大的帮助。这您也见证过了。"

客户："没错，系统是不错，但是价格还是太高了。"

季秋："像这种专业的大型的维护系统肯定是要比普通的贵，但是它的强大功能也是有目共睹的。一家公司的系统是否安全是至关重要的，特别伴随着公司越做越大，它就更加重要了，您觉得公司的安全与发展比较重要，还是钱重要呢？"

客户："我也算老客户了，价格上再优惠一些吧。"

季秋："价格再低我也很为难。这样吧，如果贵公司的系统定时维护也可以交给我们公司来做，我这边就给您一个优惠，这样我也容易向公司领导交代，您看可以吗？"

客户："好吧，我还是很相信你们的实力的！"

季秋："好的，我会再拟定一下合约然后给您尽快送过来，再见！"

客户："好，再见！"

情境分析

案例一中，销售员温文向客户做出了让步，赢得了客户的好感以及下次一定来的承诺，最后销售成功。案例二中，销售员季秋虽然做出了一定的让步，但是不光是销售成功，还为公司拉来了另一笔业务。由此可见，让步是破局成交的一种好办法，特别是提出条件后，客户会深信不疑并感激销售员。

销售心经

让步是利益驱动成交的一种方法。然而，让步也需要一定的技巧，如果一味地让步，客户可能会"穷追不舍"。因此在让步前一定要让客户明白，产品值这个价格，但是"让步"是为了客户迫不得已为之的。具体如何做呢？

1. 不宜让步过大

让步成交的方法，利用的是客户求利的心理，但是，让利过大会让客户觉得产品的利润太高或者是水分太大，从而产生不信任之感。因此，销售员要让客户明白产品的价值，然后适度地让步，把握好客户的心理。

2. 在有回报的情况下让步

如果销售员的让步只满足了客户的要求，却牺牲了自己的利益，那么成交只能为销售员带来损失。因此，让步要在有回报的情况下做出，产品价格要留有商量的余地。

3. 时机要把握准确

对客户做出让步一定是在客户有了购买意向之后。这时候客户内心对优惠刺激的反应都会很敏感，如果一开始就让步，只会让客户觉得销售员一定还有利可图。

4. 真切打动客户

销售员要让客户了解，是因为什么原因才让的步。提出一定的条件，才会让客户觉得来之不易，才能真正打动客户。

销售精英小贴士

让步可以促进成交，但是销售员一定要注意提出条件。这样客户才能感受到实惠，从而和销售员达成共赢。

在恰当时机提出备用方案

销售箴言

恰当时机提出备用方案，可成为销售谈判的一大助力。

销售是一门学问，销售员应该多动脑，懂得如何打开思路，充分考虑各种各样的因素，在销售中多备几套方案。或许其中某个方案就能够在满足客户利益的同时，也恰好实现了自身的利益。

情境再现

案例一

肖广是一家策划公司的销售员。最近，有家知名企业准备请策划公司为其制定市场战略，肖广被指派和客户洽谈。

肖广："这是我们的策划方案，您请过目。"

客户："我大致已经了解了，就是不知道你们的价格……"

肖广："公司报价 13 万元，这已经是最低的价格了。"

客户："可是，也有一家公司报价是这个数……"

肖广："这套方案已经是我们的诚意了，现在的市场行情，任何一家正规公司在同等标准下的出价都不会低于 13 万元……"

客户："但是这一费用已经超过了我们年初制定的预算。"

双方谈判进入了僵局。为打破僵局，肖广又提出了一套备用方案，具体是：策划公司在原项目中增加培训服务，但报价增加 1 万元。

肖广："根据市场报价，现在相同类型的培训平均价格是 3 万元，我们有自己的培训讲师，培训成本相对较低，您看这套方案怎么样？"

客户："嗯，这套备用方案不错，也为我们解决了培训的难题。"

双方欣然签下了合约。

案例二

李毅是一家食品公司的销售员，这天，他和某知名经销商进行产品代理洽谈，这位经销商同意代理李毅推销的产品，但是对于合约中的现金提货表示不满，因此签约的事情只能搁浅。

李毅在这方面并没有好的办法，因为公司没有给业务人员这方面的权力。李毅经过考察发现这位经销商正在与另一家食品公司洽谈代理事宜，因为同时运作两类产品，所以出现了资金压力，对现金提货实在是力不从心。

李毅制定了新的合作方案——为这位经销商增加市场支持，提升了费用比例，但还是坚持必须现款提货。客户比较了一下李毅和另一家食品公司的方案，觉得李毅的新方案占据了绝对优势，于是放弃了另外一家食品公司，专心做李毅所在公司的代理。

情境分析

　　案例一中，销售员肖广在成交无法进行的时候，拿出了第二套备选方案，终于打动了客户的心，双方成功签约。案例二中，销售员李毅经过考察，发现了客户不满现金提货的原因，制定出一套更加优惠的方案，终于打动了客户，让客户最后专心代理自己公司的产品。由此可见，备用方案在销售过程中非常重要。销售中从来没有绝对的事情，只有认真对待每一个环节，才能够从容应对每一个问题。

销售心经

　　在恰当的时机提出备用方案可以成为销售成交的一大助力。一般来说，备用方案要比原方案更加优惠或者侧重点不同，制定起来更要拓展思路。那么，备用方案到底该如何制定呢？

　　1．备用方案要双赢

　　简而言之，备用方案一方面要实现自身利益，同时还要兼顾客户的利益。备选方案如果不能兼顾双方的利益，或者只兼顾一方的利益，就不是一个成功的方案。

　　2．备用方案一定要适宜

　　备用方案设置的价格不可过高，也不要过低。销售员要让客户尊重自己的利益。一味地压制自己的价格，反而起不到好的效果。

　　3．备用方案不能太差

　　一个绝佳的替代方案可以提升销售员的谈判地位，因为有了足够的选择余地，在一些敏感问题上，销售员可以坚持自己的底线。如果替代方案很差，只能使原本已经陷入僵局的情况更加糟糕，最后导致销售失败。

? 销售精英小贴士

　　如果销售员和客户在某些问题上未能达成共识，销售员可以选择备用方案，好的备用方案可以帮助双方达成共赢。

利用"二选一"策略

销售箴言

　　"二选一"策略可以有效地破局成交，但要注意不要给客户太重的心理压力。

　　"二选一"策略又称为惠勒秘诀，最初是由著名的销售训练师惠勒提出来的，它有什么作用呢？在销售的过程中，"二选一"策略可以帮助客户更快地做出选择。这是一种破局成交的常用技巧，但是也要谨慎使用，"二选一"策略不是在任何情况下都能适用，要防止给客户太大的压力，引起客户不愉快。

情境再现

　　一家 4S 店，销售员志远为客户介绍销售的车辆。

　　志远："先生，您看，这些都是我们销量较大的车，您一般喜欢哪种款式的呢？"

客户："我还没有整体想过，比较偏好越野车。"

志远："哦，请您跟我来这边。"

客户："好。"

志远："您看看这些越野车，性能都非常不错，您挑好了可以试驾一下。颜色方面您喜欢哪类呢，纯色的还是混合色的？"

客户："我比较喜欢混合色的，尤其是迷彩的。"

志远："迷彩的也有很多种，您喜欢两个车门的还是四个车门的？"

客户："当然是四个车门的，霸气。"

志远："那您看看这几辆。那对于车的玻璃，您喜欢染色的还是不染色的？"

客户："不用染色。"

志远："那尾气排放筒涂上防锈层，还是不涂呢？"

客户："当然要涂防锈层了！"

志远："好的，那对于汽车轮胎，您是选择普通的还是防爆的？"

客户："我喜欢越野，当然是选防爆的。"

志远："嗯，根据您的意见，我给您推荐这款车，请这边看……"

客户（经过了仔细的查看和询问）："不错，我就选这款车吧。"

志远："您可以在这个周末或者下个星期一提车，您看哪个时间比较合适呢？"

客户："就这个周末吧。"

情境分析

在上面的销售案例中，销售员志远以"二选一"的限制问句向客户提问，使其在产品的款型、颜色、送货日期等问题上有了选择，增强了客户购买的信心，双方在愉快的氛围中走向成交。

销售心经

一般来说，对于"二选一"的答案，如果客户选择了其一，很大程度上已经表明他决定接受产品了。下面我们来详细说说"二选一"策略有哪些注意事项。

1."二选一"策略的优点

（1）可以有效地促成交易

"二选一"策略是一种间接成交法。在使用"二选一"策略时，销售员不是直接请求客户购买推销品，而是让客户选择成交方案，间接促成交易。销售员避开成交本身的问题，直接提供具体的成交选择方案，这样就使得客户无法直接拒绝成交，从而有利于促成交易。

（2）可以掌握成交主动权

销售员向客户提供成交选择方案，把选择权交给客户，既可以减轻客户的成交心理压力，又可以转移客户的注意力，让客户自己做出购买决策，使客户无法完全拒绝"二选一"策略。客户在成交范围内选来选去，结果都是成交。这无疑把成交主动权留给销售员。

2."二选一"策略的局限性

（1）可能产生成交高压，不利于促成交易

"二选一"策略的前提条件是假定成交，假定成交本身就是一种成交压力。适当的成交压力有利于促成交易，而过高的成交压力则是障碍。

（2）可能使客户失去购买信心

作为销售员，就是要使客户相信产品及其利益，相信成交会带来好处。

如果"二选一"策略不针对客户的购买动机，就会使客户失去购买信心。

3."二选一"策略的禁忌

（1）不要用在谈话的开始

如果销售员一开始就采用"二选一"策略，很可能会让客户觉得销售员的提问带有侵略性，认为你是在"逼问"他。客户也许会原谅你的鲁莽，但绝对不会原谅你的逼问。客户也许会直接回绝："我说要购买你们产品了吗？"

（2）缩小谈话的范围

采取"二选一"策略，最好不要替客户做出决定性的回答，而是一种参考性的回答，主要目的是缩小谈话的范围，便于沟通和交流。

销售精英小贴士

"二选一"策略需要销售员灵活运用。销售谈判中用好了，十分顺利就可以"破局成交"。

采用局部成交法，减轻谈判压力

销售箴言

先局部再整体，可以有效减轻谈判带来的压力，破解无法成交的僵局。

局部成交法也称为小点成交法。这是利用局部成交来促成整体交易的一种方法。从客户的角度来说，大额的交易问题会产生较强的心理压力，客户往往比较慎重，一般不会轻易表示成交。局部成交法就是向客户首先提出较小的、次要的成交问题，由小到大、以小攻大，先局部成交，后整体成交，最后促使客户做出购买决策。

....

情境再现

张老板的女儿快结婚了，他想要送女儿一辆汽车作为陪嫁，于是特意抽空来到一家 4S 店。销售员程飞看到张老板走进店里，热情地迎了过来。

程飞："您好，有什么需要帮忙的吗？"

客户："您好，我想看看车。"

程飞："您自己用吗？有什么要求？"

客户："不是我自己用，我想给女儿买，她快要结婚了。"

程飞："那真是恭喜了，成家可是大事呀！"

客户："是的。你有什么推荐？"

程飞："这边有几款不错的，您这边请……"

程飞为客户介绍了几辆性能优异、款式新潮的车，客户一直在点头，但是在价格方面犹豫不决。

程飞："您看，女儿大喜的日子，我们买辆红色的怎么样？"

客户："嗯，红色的不错。"

程飞："那我们按照您的预算，在红色的车里面挑一辆吧？"

客户："可以。"

....

情境分析

在上面的销售案例中，销售员程飞最后并没有直接问客户要不要买汽车，而是建议客户买一辆红色的汽车，当这一点和客户达成共识，再推销汽车就容易多了。

销售心经

在销售谈判中，局部成交法的应用还是很广泛的，销售员先就局部问题与客户达成协议，减轻客户的心理压力。在此基础上，再就整个交易与客户取得一致也就容易了。

1. 抓住客户最在意的"局部"

销售员如果能正确地使用局部成交策略，就可以创造良好的成交气氛，减轻客户的成交心理压力。但是重点是要抓住能够起到作用的"局部"。比如，客户最喜欢的颜色，客户最想要的利益。

2. 勤于思考，善于创新

销售员在谈判的过程中要勤于思考，善于创新，要懂得利用"局部"的认同来带动客户购买的欲望。如果销售员可以灵活运用这点，一些阻碍成交的困难都可迎刃而解。

销售精英小贴士

即使客户拒绝局部问题的成交，销售员也不要放弃，销售员可以继续提示其他成交点，寻找新的成交机会。总之，局部成交法是一种可以广泛运用而且十分有效的成交策略。

巧用激将法，诱使客户让步

销售箴言

激将法不仅能用于外交、兵法中，销售中也常能遇见。

销售员可以通过刺激客户的自尊心促成交易，这就是人们常说的"激将法"。在推销面谈中，如果销售员能在合适的时机，面对合适的客户活用这一方法，就能取得成交的结果。日本销售女神柴田和子就善用激将法，并把它作为自己的主要销售沟通技巧。

情境再现

案例一

保险开始走进大众生活之后，其实很多客户都明白保险的必要性和重要性，但却总是下不了决心。遇到这样的客户，日本销售女神柴田和子常用激将法来促成签单。

柴田和子："你打高尔夫球输 5 万日元，打麻将输 3 万日元也不皱一下眉头，可是要你每月缴 5 万日元的保费就舍不得。如果你是这样弄不清孰轻孰重的人，谁能期望你将来出人头地呢？"

客户："那么我和太太商量以后再答复你吧！"

柴田和子："如果你不给我来电话，就表示你讨厌我了。"

客户："怎么会呢？"

柴田和子："你嘴上说这说那的，其实你心里根本不想跟我签约吧！"

客户："不，绝没有这回事。"

柴田和子："那就签字呀！"

客户："啊！嗯！可是我得与太太……"

柴田和子："最近的男人好像都变得婆婆妈妈的，可是我相信你不是这样的。总之，请你现在就将这张保单填一填，如果你的太太说不行，我就将它作废。一般所谓人上人大多是即知即行的，不知道你是否算得上人上人，但我相信你是。"

柴田和子这一招激将法，一般都会见成效，因为一个人被刺激之后，尤其是一个男人被一个女人"鄙视"之后，总会给自己找个台阶下。当然，签单就有希望了。

案例二

一个衣着朴素的大爷走进手机专卖店，彭苗苗看大爷精神头不错，上来打招呼。

彭苗苗："大爷，您是要买手机吗？"

客户："是啊，这款手机多少钱啊？"

彭苗苗："大爷您眼光真好，这是时下最流行的款，标价 4 999 元。"

客户："啧，这手机可真贵呀！"

彭苗苗："是呀，大爷，您老人家这么大岁数了，用不着这么高级的手机，您去那边看看吧。"

客户："不是我自己用，我是给我孙子买的！"

彭苗苗："您可真疼您孙子，他多大了？"

客户："我孙子今年考上大学啦！"

彭苗苗："那可真是恭喜了，不过就算是优秀的孩子，也用不着这么好的，您看看那边那几款吧，价位低。"

客户："怎么用不着最好的？给我孙子买就得买好的。就这款 4 999 元的吧，给我包起来。"

　　彭苗苗："大爷您确定？您要是拿我可就给您包起来了。"

　　客户："小姑娘是看不起大爷吗？我就要这一款贵的了。"

　　彭苗苗："大爷，我可不是这个意思，我不是为您着想吗？您要是看好了，我就给您包起来？"

　　客户："好！就这个了！"

....

情境分析

　　案例一中，柴田和子灵活运用"激将法"获得客户的签单，可谓是十分经典的案例。案例二中，销售员彭苗苗其实也用了激将法，客户自尊心比较强，又十分疼爱孙子，最后买了一款较贵的手机。

销售心经

　　激将法大家都知道，但是在使用的时候一定要掌握好分寸，不能激过了头，否则会起到反效果。那么，在销售谈判中，如何利用好客户的这一心理，激将制胜呢？

　　1. 激将法要选准对象

　　激将法的沟通技巧并不适用于每一个客户。激将法多适用于年轻气盛、情感冲动、购物经验少、特别爱面子等这类客户。如果是比较成熟的或者圆滑的客户，或者慢性子、看重产品实用性的理智客户，用激将法作用就不大了。

　　2. 销售员要顾及自己的态度

　　即使是用激将法，也要保持良好、积极的态度，一旦出现"拍桌子""摆脸色"这样的有损形象的行为和言辞，客户很容易产生反感，不买销售员的账。

3．把客户托向高位

如果可以把客户放在一个高位，这样的前提下再用激将法提出成交要求，客户就会有不实行就不符合他身份品位的心理错觉，从而成交。柴田和子常用的激将法便是此类。

4．不要不看客户的脸色

激将法要把握分寸，如果使用时客户表现出了不悦，这时的销售员一定要随机应变，而不是自顾自地继续"激"。

销售精英小贴士

> 销售中激将法一定要慎用，用得不当可能会造成一锤子买卖，但用对了时机确实能有一定的成效。总之，激将法的使用要分场合，分对象，注意分寸，不能操之过急。

采取主动，假设成交

销售箴言

> 采取主动，假设成交，帮助客户畅想一下成交后的便利与幸福，客户常会感同身受。

销售员在成交之前常常会帮客户做出已经购买后的假设。这样的假设往往会打动客户，渲染客户的情绪，能够促使客户主动、积极地做出购买决定。销售员应当善于利用右脑所具有的想象力和创造力，假设成交，让交易顺利达成。

情境再现

销售员马立骞是第三次带领这对夫妇来看房子了，该介绍的都已经介绍完了，他希望客户这次能够达成交易。

马立骞："陈先生、陈太太，我看你们很喜欢这套房子，不知道两位考虑得怎么样了？"

客户："嗯，我们还想再斟酌一下。"

马立骞："陈先生，我知道您对喝咖啡情有独钟，您看这个位置，您完全可以在这里放一对小藤椅，选择一个阳光充足的下午，冲一杯咖啡，坐在藤椅上，看看书，听听音乐，偷得浮生半日闲！多么美好的生活啊！"

两位客户脸上都漾起了笑，马立骞又来到了独立卫生间。

马立骞："我最喜欢卫生间的这个浴缸，它是按照人体力学设计的。陈太太可以躺在这个浴缸里，点上香薰，做一个美容SPA，放松身心。这套房子里一共有三个卫生间，既能保证私密性，又能让全家人都感觉方便。"

客户："你还真的挺会说话，而且你挺懂享受啊！"

马立骞："哈哈，这套房子确实很适合二位的。我自己也十分希望和未来的妻子以后买这么一套房。我们再来看看客厅。这个客厅又明亮又大，如果赶上节假日，陈先生、陈太太可以把亲朋好友都请过来，一起度过，气氛一定好得没话说。"

客户："好吧，我们确实很喜欢这套房子，听你说完，已经不想走了。

那么，我们接下来谈谈具体的合同吧……"

马立骞："好的，两位这边请。"

．．

情境分析

在上面的销售案例中，销售员马立骞在客户犹豫不决的时候，假设成交，主动畅想了一下客户以后的美满生活，可见这样的生活场景打动了客户，为销售的这套房子披上了感情色彩，最后客户终于下定决心，签了合同。

销售心经

采取主动，假设成交的时候，销售员可以运用"当……时，您会……"的沟通技巧，让客户在想象中感受产品可能给自己带来的好处及优点，从而使客户产生认同感。除了好处，坏处也是适用的，销售员要注意把握好这个度。

1．引导客户追求快乐

（1）让客户想象自己在使用产品时的效果，比如案例中的按摩浴缸。

（2）让客户想象产品为自己解决难题后的样子，比如安装了静音玻璃以后，就再也不用为噪声烦恼了。

2．引导客户逃避痛苦

（1）让客户想象不使用产品的后果，比如不使用最新的网络安全系统，结果系统被入侵。

（2）让客户想象不使用产品而陷入困境的样子，比如不缴纳交通保险，出了事要付一大笔钱。

3．从其他方面假设

（1）给客户讲故事。假设成交，就是给客户创造一个想象的氛围。在营造这种或痛苦或快乐的氛围时，如果销售员能够给客户讲故事，激发客户想象力，无疑让客户会有更深刻的体会。

（2）选用事实和权威性的案例。如果想要为客户营造不使用产品会产生严重后果的氛围，最好有事实依据的权威案例加以说明，比如在电视新闻里播放过的，或者在报纸上刊登过的，这样更有说服力。

销售精英小贴士

销售员在假设成交的时候还要注意一个度的问题。首先，不要过度渲染美好，渲染过度了会让客户觉得镜花水月，遥不可及；其次，不要过度描绘痛苦，让客户不快。

刺激对方"怕买不到"的心理

销售箴言

告诉客户这次不买就再也买不到了，客户如果非常想要自然就着急了。

有这样一句话："授人以鱼，不如授人以渔；授人以渔，不如授人以欲。"在销售谈判过程中，销售员如果能够成功激化客户"怕买不到"的心理，刺激客户的欲望，不仅可以迅速成交，而且还可能卖出一个好价钱。

情境再现

案例一

元浩是一家艺术品制造公司的销售员。最近,公司新制造了一批高档艺术品,而且生产的不多,准备投放市场看看效果。

新艺术品看起来还挺受欢迎,但是也有不少客户只是看看,并不购买。

元浩:"先生,您现在还做不了决定吗?"

客户:"我再看看。"

元浩:"我们公司总共才生产了 1 000 套这种产品。在未上市前就有很多客户预订,其中少量产品公司还要留作纪念。现在产品就这么多了,建议您仔细考虑一下。如果真的喜欢,给一个合适的价格。否则过了这个村就没有这个店,这个产品您以后再想要可能买都买不到了⋯⋯"

客户认为元浩有点夸大其词,谁知道元浩转身就走,摆出一副不愁买主的架势,客户很快意识到元浩不是在跟他开玩笑,这样的工艺品今后可能真的买不到了,便不再犹豫,赶快购买了两套。

案例二

销售员崔莹莹所在的服装品牌专柜最近在打折。有个女孩子试了几件衣服后,看起来很满意。崔莹莹就上前询问。

崔莹莹:"您感觉这几件怎么样?"

女孩子:"还好,我手里这件多少钱?"

崔莹莹:"您来得真巧,我们店现在打折呢,打完折后只要 388 元。"

女孩子:"那也很贵呀,我暂时还是不要了。"

崔莹莹:"您难得看上一件合心意的衣服,而且,这件衣服存量不多,今年也不会再进了，您要是现在不买，过几天不但不打折，可能连买都买不到了。"

女孩子："打折活动到什么时候为止？"

崔莹莹："今天可是我们打折的最后一天了。"

女孩子："别的专柜不都是打折好几天吗？"

崔莹莹："我们原本也是这么安排的，但买的人太多，很多衣服已经脱销了，店里只能提前结束活动时间。"

女孩子："那好吧，你帮我包起来吧。"

······

情境分析

案例一中，销售员元浩由于善于营造卖方市场氛围，调动起客户"怕买不到"的心理，成功地销售出了产品。案例二中，销售员崔莹莹也让客户感觉到"购买产品是最后的机会"，因此迅速成交。

销售心经

刺激对方"怕买不到"的心理这种技巧，最适用于一些有购买意向的、尚在犹豫的客户。这类客户一听"怕买不到"，往往会下决心购买，并迅速成交。销售员具体如何运用这一技巧呢？

1. 让客户确实感觉到这次不买就"买不到"了

不管销售员推销的产品是不是绝无仅有，都应该想办法让客户切实感觉到这是最后的购买机会。"过了这个村就没有这个店了"，只有这样，才能促使客户迅速做出购买决定。

2. 准确把握客户的心理

刺激客户"怕买不到"的心理，这种方法是有局限性的，如果客户本身对产品的兴趣并不大，显然这种方法可能打动不了他。因此，销售员要准确把握客户的心理，在客户购买欲望强烈的时候，再告诉他不买的话"怕买不到"。

3. 不要让客户感觉不快

销售员可以利用"怕买不到"的心理来刺激客户，但是不能一直在客户耳边说，明确告诉客户购买该产品的机会不多就行了。一直说的话，会让客户产生逆反心理觉得烦，让客户感觉销售员在欺骗他，导致心里不愉快。

销售精英小贴士

刺激对方"怕买不到"的心理是一种常用的销售技巧，而这种技巧也可以举一反三地来使用，比如客户正在犹豫价钱是否合理，销售员可以暗示客户："错过了今天，明天就要涨价了！"再比如，"我们只限量前100名""只有前5位的购买者可以打七折"等。

巧用对比，让客户做出让步

销售箴言

无法成交时，巧用对比，要比直接叙述更能打动客户。

巧用对比是一种特别容易操作而且效果明显的推销方法，它能够巧妙地利用人与物、物与物或者同一事物的两面来做对比，突出产品的优点，从而让客户明白，购买这项产品是能给自己带来好处的。

··

情境再现

案例一

虽然销售员杜明宝想把保险销售给一个非常有钱的史老板，但是史老板每次都是微笑接待，却并不买账。这次拜访，史老板邀请他一同乘渡轮去九龙。

史老板："小杜，以我的财力可以买下好几家你这样的保险公司，你觉得我有必要买你的保险吗？"

杜明宝听完这话，有些发愣，后来船要靠岸了，他忽然看到码头上停着的"玛丽皇后二号"，顿时有了主意。

杜明宝："史老板，你见多识广，我想请教你一个问题，可以吗？"

史老板："有什么问题尽管提。"

杜明宝："您看那艘巨大的轮船，它如此庞大，行驶起来应该很稳，让人感觉特别安全吧？您觉得它这次旅行会顺利吗？"

史老板："看起来真是很棒，应该不会发生什么事。"

杜明宝："那我就想不通了。史老板，您看，它上面装着的救生艇足有20条。既然它如此高级，如此安全，为什么还要准备那么多救生艇呢？把那么多救生艇放在上面，对船体不是会造成很大的负荷吗？我不明白，您能告诉我其中的道理吗？"

史老板领会到了杜明宝话里的意思，他重新打量了一番面前的销售员，最后笑道："小杜，真有你的，也许你这次推销成功了。"

案例二

黄思圆在一家数码产品店里做销售，她喜欢帮助客户把产品优点和缺点写下来，进行对比后再进行详细介绍。

某天，一位客户来买相机，在亲自操作了一部相机后，黄思圆准备帮助客户权衡利弊了。

黄思圆："先生，根据这部相机的特点和您的需求，咱们一起来评估一下它是否值得购买吧。这样一来，如果您最后决定购买，也可以买得放心；如果您最后还是不买，那么将来买其他相机的时候也可以做个参考，您认为如何？"

客户："好啊！这个方法不错。"

黄思圆："您看，我这里有一张纸，我们把您认同的产品优点写在左边，把您不太赞同的方面写在右边。"

客户："好的。"

黄思圆："那我们先来写一下它的优点。先生，您刚才说您对这部相机 1 600 万的高像素还是很满意的，超长时间的摄像功能也符合您的要求，还有两块高容量的原装电池也是您认为好的地方，同时外观造型您也很欣赏，对吗？"

客户："是的，这些方面还是不错的。"

黄思圆："刚才您说到它的内存偏小，除此之外，您还有其他不太满意的地方吗？"

客户："嗯……应该有，但是暂时想不到。"

黄思圆："先生您看，这款相机在外观、电池、像素及摄像功能方面都很符合您的要求，只是内存较小。如果您不是专业搞这方面的职业，在一般情况下，现在的内存应该够平时用了，况且现在市场上内存卡的价格都比较便宜，您如果买一张容量相对较大的内存卡作为备用，这个问题也能解决了。这样一对比，您看，对于您来说，这款相机非常适合您，能遇到这么适合您的一款相机可不容易，挑来挑去反而更容易花眼，您说呢？"

客户："你说得也有道理，那我就要这款了。"

···

情境分析

案例一中，保险销售员杜明宝利用了人与物的对比，让客户很直观地了解到保险的重要性，终于打破不能成交的场面，获得了成功。在案例二中，销售员黄思圆利用的是产品的优点和缺点对比法，让客户在不知不觉中感受到产品能带来的好处是大于坏处的，最终缺点也得到解决，交易成功。

销售心经

在销售谈判中，销售员有一个优势，就是熟悉产品、了解行情，如果能够利用这一点，巧用对比，就可以更好地打动客户。那么如何巧用对比呢？

1. 事先想好产品的优点

销售员一定要对产品知识了然于胸，总不能在客户时间和信息有限的情况下在现场学习。一样东西，如果自己不知道哪里好，又怎么能让别人也觉得好呢？这是运用对比的前提。

2. 针对不同客户用不同的对比

销售员要对客户的特点进行考虑，如果客户非常有主见，销售员的对比就要更要有力度，并且只对比不指导；而对于缺乏主见的客户，销售员在对比的同时还应提供一些参考建议。

3．不要强加给客户自己的想法

利用对比法的目的是要让客户明白产品的好处，然而客户真的觉得好才是好，如果没有打动客户，客户经过对比后还是觉得不满意，销售员不可将自己的想法强加给客户，这样只会造成客户的反感。

4．让客户感同身受

销售员在利用对比的时候，一定要比对一些容易理解的、生活化的东西，最好能够让客户感同身受。如果对比下来让客户感觉"不合逻辑"，客户会觉得销售员在开玩笑。

❓ 销售精英小贴士

巧用对比是一种破局成交的好办法，但是对比的时候，客户容易出现不耐烦，或者认为销售员对比不恰当的情况，因此，销售员在运用这种方法的时候注意留意客户的神情，不要自说自话，要注意和客户互动。

善用"黑脸"和"白脸"

🧍 销售箴言

善用"黑脸"和"白脸"，拿下难缠的客户。

黑脸、白脸法也叫作好人恶人法。比如一个销售员提出非常苛刻或非理性的要求，扮演"黑脸"，另一个销售员则开出较为合理的条件，作为"白脸"；或者一个销售员流露出轻蔑和挑衅的态度扮演"黑脸"，另一个销售员则比较和颜悦色作为"白脸"。"黑脸"和"白脸"的用意就是让"白脸"显得更公道、更理性，也就更容易赢得认同。从根本上讲，这是在利用对比原理，促使对方合作。

情境再现

销售员甲："小姐您好，我们是推荐保健品的。"

客户："我不感兴趣。"

销售员甲："我们的产品很棒的。"

客户："我不感兴趣。"

销售员甲："你看你现在这么丰满，我们的产品能够让你瘦下来。"

销售员乙："我倒觉得这位小姐的身材刚刚好，健康就是美，你看这位小姐气色多好，皮肤也好。"

客户："还是你会说话。"

销售员乙："我这款保健品您也可以了解一下，它能够帮助您维持营养平衡，燃烧多余脂肪，效果不错。"

客户："多少钱？"

销售员乙："一盒 298 元。"

客户："太贵了吧！"

销售员甲："你看这包装，这可是能够拿来送人的高档品，大品牌！一点也不贵。"

销售员乙："我倒觉得小姐说得对，确实是有点贵，但是健康无价，我还可以多送您点小礼品，您跟我这边来吧！"

客户："好吧。"

情境分析

在上面的销售案例中，销售员甲态度急切，扮演了一次黑脸，相衬之下，销售员乙更让客户喜欢和信服，最后客户由不感兴趣变为心动购买。黑脸、白脸策略的销售效果起到了作用。

销售心经

黑脸、白脸策略是最有名的谈判策略之一。客户有一种倾向，就是喜欢那些同意自己意见、说自己好以及和自己有相似之处的人，黑脸、白脸策略就是利用这种对比心理效应来起作用。

1. 黑脸要把握"度"

一般来说，黑脸只要起到"不想跟这个人再谈下去"的效果就够了，如果黑脸太"黑"，客户很可能转身就走。

2. 摸清客户的态度

推销的产品最好是客户所感兴趣的，如果对于产品总是持"可有可无"的心态，再唱黑脸、白脸也是白"演"。

3. 揣摩客户的性格

如果客户是那种斗志昂扬的性格，被黑脸激怒了的话，可能就会和黑脸"死磕"，而不顾白脸说些什么。

销售精英小贴士

　　黑脸、白脸的销售技巧一定要慎用。因为这个技巧的杀伤力很大。一旦被拆穿，双方都十分尴尬，很容易得罪客户。

适当的沉默能给对方带来一定的压力

销售箴言

　　沉默是无言的重磅武器，销售员如果学会使用将终身受益。

　　在销售谈判中，沉默也是一种能促进成交的有效手段。在客户自己心里都忐忑而销售员也不说话的情境中，客户很容易感觉压力，主动让步。当然，这个技巧是要分情况的，销售员想要使自己的沉默达到这种效果，就必须要在恰到好处的时候使用。

情境再现

　　车明在一家运动健身器材店里做销售员。这一天，有个身材胖胖的年轻女子走进店里，最后站在一款跑步机旁。车明看到这位客户很想要买跑步机，就走过来介绍。

　　车明："您好，您现在看的这款跑步机喜欢吗？"

　　客户："我不太懂这个，你帮我介绍介绍吧。"

车明："好的……"

车明为客户介绍这款跑步机的功能，还介绍了其他型号的跑步机，最后客户还是喜欢第一眼看到的这款跑步机，但是这款跑步机的价格为9 830元。

客户："这也太贵了，您再给我便宜点儿吧……"

车明："这已经是折后价，真的不能再便宜了！"

客户："可是，我第一次来，不能给个优惠价吗？"

车明："好吧，看您实在想要，那您说个价格吧……"

客户："我现在正着急用呢，这样吧，7 000元怎么样？"

车明皱着眉头，用一种很为难的表情看着客户，摇摇头，然后便一直沉默。

见车明沉默着不说话，客户有点着急了。

客户："7 800元行了吧？"

车明还是沉默着不说话。

客户："8 000元！就这个价了，不行就算了！"

车明知道时机已成熟，而且客户提供的价格早已经超过了自己预期的价格，于是就表现得很为难似地答应了客户的要求。

情境分析

在上面的销售案例中，销售员车明并没有采取和客户相互杀价争论等策略，而是先让客户提供一个价格。然后与客户打起了"心理战"，恰到好处地沉默。客户急用跑步机，于是开的价格还很高，车明销售成功，并且还赚到了不少利润。

销售心经

销售员要在沉默的时候注意分寸，如果沉默过久，客户很可能因为压力而退缩。因此，要想运用沉默达到成交的目的，就要掌握一些技巧。

1．沉默必须有目的

适当的时候沉默，并不是表现得消极且无所作为，这是一种以退为进的积极行动。它不是逃避、忍让，而是一种策略。此外，沉默必须要有目的性，即要更有效地控制谈判局面，给客户压力，最终促成交易。

2．沉默的时机

在销售中，什么时候该沉默，什么时候不该沉默，销售员一定要做到心中有数。如果在不恰当的时候沉默，非但不能达到预期的效果，反而还可能因为沉默失去一单生意。

3．沉默时间的长短

沉默也应该见好就收。如果客户已经提了好几次价格，结果销售员还一直沉默，客户会误以为销售员是真的不能降价，于是也就不再报价，而是转身走掉了。

销售精英小贴士

在销售与谈判中，销售员一定要摆正自己的位置，揣摩好客户的心理。这样，不管采用什么销售技巧，都可以达到一击必中的效果。不恰当地选择技巧，很可能让客户心里不舒服，最后导致销售失败。

第十章

快速签单：谈妥后就落实，
切忌拖泥带水

　　客户口头上成交并不算是成交。只有结账或者签单，销售员才算完成这一笔交易。当客户有意成交的时候，销售员一定要抓住机会落实下来，切忌拖泥带水，拖得时间越久，客户的购买欲望就下降得越多。最后落实之后，销售员还要注意做好收尾和服务工作，对客户表示感谢，并且传达下一次合作的愿望。

尽快成交，避免夜长梦多

销售箴言

　　为避免夜长梦多，销售员要主动出击，尽快成交。拿下订单才意味着取得了成功。

　　既然已经瞄准了目标，关键时候就要"扣动扳机"，否则说不定在等待的时候，目标就被别的东西吸引，失去踪迹。销售也是一样，在客户最想要购买的时候，销售员就要提出购买要求，如果一拖再拖，客户没有了一开始的购买热情，后面成单就难了。只有成功签约，落实后的订单才是胜利成果，口头的承诺并不能代表什么。

情境再现

　　班云新进入一家电气设备公司做销售员，因为表现积极备受器重，最近他被指派到一家企业去商谈采购采暖设备的事情。班云摩拳擦掌准备拿下这个单子，带上资料就去拜访该企业的负责人了。

　　该企业负责人对班云也表现得十分热情，双方就产品的特点进行了讨论，最后，客户流露出了购买意向。然而，班云怕功亏一篑没有向对方索要订单。他觉得应该和对方多接触几次，让对方对自己公司的产品有一个更加深入透彻地了解，这样成交就十拿九稳了。

三天之后，班云再次和对方取得了联系，同时向对方介绍了一些上次遗漏的问题，客户很是欣赏班云，然后又就价格问题和班云仔细商谈了一番，并表示一定会购进。只是最近实在忙，需要班云等待一段时间。

后来，班云没事就来拜访客户，逐步和客户建立起了良好的关系。他想："这笔大单子已经是十拿九稳的了。"于是也不催促。然而，突然有一天，客户打电话说发现他们的产品有几个小问题，不想购买了。

情境分析

在上面的销售案例中，销售员班云失败的原因就在于该出手时没有出手，拖泥带水错过了成交的好时机。班云应当在客户对产品最有热情和兴趣的时候提出成交，或者在了解产品建立友好关系的时候成交。班云"成交"二字没说出口，结果"夜长梦多"，客户不想购买了。

销售心经

上面的案例告诉我们，销售员一定要学会把握机会，在能够在成交的时候迅速签单。为了避免上述情境的发生，销售员要做到以下几点。

1．相信自己的产品

销售员要相信自己的产品是最优质的，值得客户拥有。在这方面得到客户的认同时，要及时向客户提出购买要求，不要错过最好时机。

2．不要自以为是

当客户对产品已经很感兴趣时，不妨明确地向客户提出成交的要求，切莫一厢情愿地认为："我已经把话说得很明确了，客户如果真的想购买的话，自然就会买。"要知道，有的客户会主动，有的客户则不会。

3．该出手时就出手

销售员在确定客户是真的心动后，就可以趁机提出成交的要求，如果客户还有什么疑问，再去解决客户的疑问。当然，一直催着客户成交，客户也会反感，销售员一定要把握好时机。

销售精英小贴士

销售大师布莱恩·崔西喜欢在一开始就拿出订单，销售员主动些，不一定会把客户吓跑。当然，对不同的客户要用不同的销售方法。但是如果成交的机会到了，销售员一定要注意该出手时就出手。

对客户的购买表示由衷的感谢

销售箴言

无论在何时，销售员对客户的购买都要表示由衷的感谢。

成单后销售员的感觉自然是快乐的。但是很多销售员在成单后立即开始下一段"征程"，而对于成单时的客户再也不联系，更没有感谢，这种做法是错误的。无论何时何地，销售员对客户的购买都要表示由衷的感谢，这样的态度：一是职业素质的体现；二是在准客户的眼里也是一种值得下次再来光顾的信号。

情境再现

案例一

媛媛和莉莉是同一家公司的销售员，平时业绩都不错。这天，她们在公司的大门口遇见了，打完招呼后准备聊几句。

媛媛："莉莉是不是过一会儿还要接待一个重要客户？"

莉莉："是呀，他要和咱们公司签订一份100万元的大单。我和他约好商谈最后的一些细节问题。"

媛媛："你真幸运，碰到这么一个大客户，签约后你的提成一定不少。"

莉莉："那当然！"

媛媛："那你要好好谢谢人家，他可是你的财神爷。"

莉莉："谢什么呀？他也从这笔生意中获利不少，这是各取所需。商人嘛，都是逐利的本性，签单后不知道能挣多少呢！"

就在她们谈得热火朝天的时候，莉莉正在等的客户脸色很不好地站在不远处。

案例二

李栋在一家百货公司做销售员，这天顾太太走进百货公司买东西，李栋给予了热情的接待。

李栋："太太，您今天想买些什么？"

客户："嗯，我想买一些日常生活用品，比如，卫生纸、衣架、拖把……"

李栋："好的，我知道这些东西摆放在哪里，您跟我走吧。"

客户："好啊！谢谢！"

最后，顾太太买了很多东西准备拿回家。

李栋："非常感谢您能够在我们这里购买这么多东西，希望您以后可以常来本店购物，成为我们的老客户，再次感谢！"

客户："呵呵，好的！"

这之后，顾太太经常来李栋所在的百货公司购买产品，为百货公司增加了不少的收益。

....

情境分析

案例一中，销售员莉莉没有意识到对客户的感谢，一旦"胜券在握"，就扬扬得意。当客户发现莉莉销售的唯一动机就是为了提成时，心里就会产生被利用和受到轻视、怠慢的感觉，因此脸色十分不好。案例二中，销售员李栋对顾太太购买了很多物品表示了感谢，让顾太太有一种受到重视和欢迎的感觉，觉得这家百货公司非常"人性化"，于是后面经常来这家百货公司购物。

销售心经

销售员要明白，即使已经与客户签约，但这并不意味着结束，这个时候，销售员应该向客户道谢，期待下次合作。那么具体要注意哪些呢？

1. 对待客户要有礼貌

签单后，面对客户还要保持微笑，保持目光与客户的接触。客户提出走的要求时，销售员要跟着起身。假如是单件产品，销售员应该双手将产品送给客户，并真心向客户道谢，另外要注意留心客户是否落下了什么物品，如有就要及时提醒。

2. 递名片给了客户

如果冷落了客户，销售员会给客户留下只图利益的感觉，就不容易成为产品的活广告，客户更不会给销售员介绍其他客户。因此，销售员要由衷地向客户表示感谢，同时走的时候还要递名片给客户，或者目送或亲自送客户到门口。

销售精英小贴士

　　每一次成功的销售，都是一次学习。因此，对客户愿意和销售员成交这一点，销售员要表示诚挚的谢意。此外，善待客户有利于人际关系的积累，要想以后销售事业能够更好，对每一个客户都必须认真对待。

销售合同签订讲究技巧

销售箴言

　　销售合同的签订要注意讲究技巧，签订合约要规范，切勿手忙脚乱。

签合约可谓是销售过程中的重中之重。签订规范的合约才能避免合作中的漏洞。由于签订合约离成交越来越近，销售员常因为各种原因手忙脚乱，这样无疑会给客户留下不可靠的印象。因此，在最后的"临门一脚"，销售员要注意调整好自己，并掌握销售合同签订的技巧。

情境再现

周奎在一家精密仪器厂做销售员。最近周奎联系了一家有意向的企业。在周奎和该企业负责人洽谈之后，他们决定进行合作。

这天，那家企业负责人与周奎约好了签订合同的地点，周奎早早就赶了过来。

客户："你好，让你久等了。"

周奎："哪里哪里，我们现在就签吗？"

客户："我先看一遍合同内容吧！"

周奎："当然当然。"

周奎拿出购买合同以后，客户仔细阅读了一番，双方就合同的主要条款又确认了一番。

客户："这批仪器我们决定先采购几台看看，如果使用效果好，没有问题，我们再大量购进。"

客户准备签约，周奎见状显得有些激动。他先是不小心将水打翻，在签合同之前又在包里翻来翻去，找不到自己的笔，还一不小心把合同散了一地。

签约完后，周奎手忙脚乱地收拾好东西，跟客户道别后就着急回公司。

过了一段时间，周奎打电话询问后面的采购，然而那位负责人却不想再合作了。周奎追问原因，客户说："我们需要购买的是精密仪器，但是签约的时候看你的表现，实在无法让我放心，我觉得需要再考虑一下。"

情境分析

在上面的销售案例中，销售员周奎因为销售合同签订时的表现，错过了后面的合作机会。可见销售的每一个环节都是很重要的。销售员在签单的时候，也要注意保持好心态，多了解合同签订的一些技巧。

销售心经

销售合同的签订要讲究技巧，为了完成这最后一关，销售员要懂一些销售合同签订的常识，了解如何签订合同。

1．销售合同签订的流程

合同签订是一个严肃正式的过程。因此，销售员在签订合同的时候，一定要仔细认真，规范操作。销售合同签订的基本流程如下。

（1）验明双方个人或法人身份证明原件。

（2）出示产品预售示范合同文本，逐条解释合同的主要条款以及双方违约责任和争议的解决方式。

（3）明确产品的准确规格、数量、附件、配件、发货时间等。

（4）明确产品的价格、货款的支付方式和期限。

（5）签约成交，并按销售合同规定履行双方的权利和义务。

（6）将销售合同收回交主管经理备案。

2．销售合同签订的注意事项

（1）示范性的合同文本应事先准备好。

（2）事先分析签约成交时可能发生的问题，向现场主管报告研究解决办法。签约成交时，如客户有问题无法说服，汇报主管经理或更高一级主管。

（3）解释合同条款时，在感情上应侧重于客户的立场，让其有认同感。

（4）签订合同可以让客户自己填写具体条款，并一定要其本人亲自签名盖章。由客户委托他人代理签约的，大项目下客户与代理人的授权委托书最好经过公证。

3. 销售合同签订技巧

（1）当客户对销售员的产品或服务有兴趣甚至决定成交但未能带足够的钱时，鼓励客户支付定金是一种行之有效的办法。

（2）单件货物定金金额不在于多少，几百至几千元都可以，其目的是让客户牵挂自己的产品。

（3）把定金设为合约的一部分，若双方任何一方无故毁约，都将按定金的一倍予以赔偿。

（4）不要过分注重成败，即便是原一平也不能保证自己的每一次推销最终都能成交。因此，不管推销结果如何，销售员都应该保持一份坦然的心态，这样才能从容面对客户，增加自己心理上的优势。

（5）优惠条件、价格不要全盘托出，一旦对客户全盘托出，客户就会反复要求销售员做出让步，这样一来，就会使销售员陷入被动当中，失去交易的主动权。

（6）始终微笑面对客户，不管销售合同在签订过程中出现什么意料之外的事情，销售员都要始终微笑面对客户。

销售精英小贴士

　　销售合同签订以后，销售员还需要把合同递交给公司，只有在公司备案以后，整个销售过程才算结束。此外，合同签订之后，要对客户表示感谢，表达希望下一次合作的愿望，不能签完合同就对客户热情转为冷淡。

提升客户满意度，让其体验购买乐趣

销售箴言

　　客户满意是销售的最高境界，签单之后，销售员仍要提升客户的满意度。

　　签单后，很多销售员就将客户抛之脑后，这样的做法总是会给客户留下一种凉薄的印象，下次也就不会再想来购买了。也有的销售员在签单后很注重提升客户的满意度，让其体验到购买的乐趣。要知道，大多数人在得到关心和帮助的时候，会怀有一颗感恩之心。这类客户常常会成为销售员的好朋友，在需要产品的时候自然会"回头"。

情境再现

案例一

　　已经快 60 岁的卢女士从销售员王小兵手里购买了一套房子，搬进新居之后，她虽然对新房子的地段、环境、格局都十分满意，然而拥有很多庞大的古董家具如何摆放进来却成了困扰她的难题。不得已，她又打电话给王小兵。

　　王小兵并没有不管这种"吃力不讨好"的事情，相反，他很快叫了几个同事，丈量了卢女士的所有家具，画出了大概的布局图，然后找搬家公司把这些家具都给搬了进去。

　　卢女士很感动。

　　后来，卢女士在国外的儿子回来还专门感谢了一次王小兵。事情传开之后，不少客户去买房子，都点名要王小兵介绍。

案例二

一位年轻的女士走进化妆品店，她的目光在护肤品专区停留很久，拿起一瓶想看看主要成分。正在整理货架的销售员李爽放下手头的东西过来招待。

李爽："您好！您想要哪一类化妆品呢？"

客户："我先随便看看。"

李爽："好，您先看吧！有什么需要介绍就叫我。"

女士转了一圈后，拿起一瓶爽肤水，问："这款爽肤水怎么卖？"

李爽："这个是××的，电视广告做得好，使用效果也不错，389元。"

客户："我觉得有些贵，能打个折吗！"

李爽："正品都是这个价格，不管您去哪里，肯定找不到更便宜的了。"

客户："好吧，那就这瓶吧！"

付完账后，年轻女士正要推门离开，李爽叫住了她。

李爽："我再送您一小瓶遮瑕霜试用装吧，感谢您这次惠顾。"

客户："哦，谢谢啊！"

隔了几天，这位年轻的女士又过来了。她又购买了一瓶新的遮瑕霜，还拿了一瓶眼部精华霜。

· ·

情境分析

在案例一中，本来卢女士已经签订了购买协议，销售员王小兵完全可以推脱掉后面的"麻烦事情"，然而，热心的王小兵还是立刻选择了帮助客户解决售后问题，提升客户的满意度，赢得了业内的好名声。在案例二中，销售员李爽通过赠送试用品提升客户的满意度，为客户下一次惠顾打下了基础。可见提升客户满意度后得到的是一个双赢的结果。

销售心经

销售员在签单成功后应该做些什么呢？又要怎样做才能够提升客户的满意度，让其体验到购买的乐趣呢？

1. 真诚而到位的售后服务

有些产品销售不需要售后服务，有些产品销售售后服务甚至占了很大的比重。不管产品销售成功后，销售员和客户接触的机会还多不多，销售员都应该奉上真诚而到位的售后服务。有的时候，只是在小小的细节上为客户着想，就能够赢得客户的好感。

2. 处理成交后的不满

处理成交后的不满是经常困扰销售员的一个问题，不满处理不好就容易和客户产生纠纷。相信这一点是销售员最不想看到的。成交后的不满产生的原因不同，相应的处理方法也不同。常见的纠纷，如产品质量不过关、送货不及时、客户对产品款式不满意、售后服务不到位等，处理这些纠纷的关键在于随机应变。不同的不满类型要采用不同的方法。客户产生不满时，销售员首先的原则是自己不要吃亏，但有的时候为了更大的效果，自己吃点小亏也没什么。第二个原则是不与客户产生大的冲突，力求保持客情关系。在任何情况下，都不要得罪客户。汽车销售大王乔·吉拉德的"250定律"告诉我们，每位客户的背后，都大约站着250个人。

3. 要有包容的心态

"包容心"对销售员也很重要，特别是在成单以后，不管客户出现什么异议，销售员不仅需要去接纳客户的异议，还需要包容客户的异议。每个客户都有个人的爱好。销售员是为客户提供产品和服务的，达成交易就是满足客户的需求，所以销售员要学会包容，包容客户的不同喜好，包容他们的挑剔。

4. 具备良好的心理素质

销售员需要不断跟陌生客户打交道，可能在过程中不断地被客户拒绝，然后为了达到销售的目的还要锲而不舍，不断地做客户的工作，因此销售员要具备良好的心理素质。成单后如果客户不满意，但只要销售员心理素质过关，提升满意度也就容易多了。

5. 常与客户保持联系

产品销售出去以后，销售员还必须与客户保持经常的联系。如果客户满意销售员的回访，他的忠诚度也随着销售员的回访增加。同时，销售员还可能从老客户身上发掘新的成交点，或再次成交，或推荐新客户。

6. 与客户同乐

当销售员在成单以后，提升客户满意度的时候，自己也会从中得到很大的快乐。当销售员感受到了销售中的快乐时，就会给予客户更周到的服务。这是一种良性循环。

销售精英小贴士

提升客户满意度，让其体验购买的乐趣，随时随地把温暖带给客户，销售员在得到快乐的同时也传达出自己的工作理念，为自己的销售披上了情感的外衣。

做好"顾问式"客户服务

销售箴言

顾问式客户服务最能表现出销售员对客户的关切，为以后再次合作埋下伏笔。

如果销售员把自己当作客户的顾问，那么销售员的心里就很容易接受客户，而客户也更容易接受销售员。这样销售氛围会更好，成交也更加顺利。这在销售技巧中被称为"顾问式"销售。签约成单后，"顾问式"客户服务也可以帮到销售员，它可以更好地维系销售员与客户的感情，为下次的合作埋下伏笔。

情境再现

白伟刚刚大学毕业，就到一家房地产公司实习。刚开始，他的业绩并不好，常常不知道怎么和客户交谈，工作完全无法展开。后来，经过努力终于成交了几单。其中一个老先生对白伟的印象特别好，白伟也很喜欢和老先生进行交流。

有一天，白伟从老先生的口中得知，老先生的老伴生病了，子女又不在身边，于是白伟决定亲自去这位客户家里看看。

客户："老伴最近去医院查出得了胃病，你看这市区吵闹，空气又不好，我还打算在开发区买一套房和老伴一起住。"

白伟并没有趁机为客户介绍房子，而是关注客户老伴生病这一点，想帮帮客户的忙。

白伟:"胃病可得好好调理,中药的效果不错。正好我父亲是中医,我问问他有什么有效的办法。"

客户:"哦,是吗?这年头找个好中医可不太容易,可能要麻烦你父亲了。"

白伟:"不麻烦,我现在打电话给他,您再跟我说说阿姨的情况。"

客户:"好……"

白伟拨通了电话,父亲根据患者的情况,开了个调理方子。

客户:"这个药去哪里买呀?"

白伟:"我知道一家中药房,价格公道,我和您一起去买吧……"

吃了根据白伟父亲开出的药方所抓的药之后,老先生老伴的胃病得到了很大的改善,后来,两位老人又在白伟这里买了开发区的一套房子。

从此,只要是从白伟手中买房的客户,他都尽其所能地给予帮助。有付出就有回报,这些客户都喜欢帮助白伟介绍客户,白伟的销售额直线上升,已经成长为一名优秀的销售员。

情境分析

在上面的销售案例中,白伟的成功来自其真诚的"顾问式"服务。其实,销售员不但可以做客户的"销售顾问",还可以做客户的"生活顾问",客户觉得暖心的同时,也对销售员的产品有了更多信心。此外,和客户保持良好的关系,销售员也能从中得到快乐和帮助。

销售心经

"顾问式"客户服务，不光是要关心客户，还对销售员的专业提出更多的要求，它将销售员定位在客户的朋友、销售者和顾问三个角度上，想做好可不是一件容易的事情。

1. 做客户的免费秘书

"顾问式"客户服务要求销售员了解客户的处境，并且有时候会基于客户的实际需求伸出援助之手。销售员做客户的"免费秘书"，很容易俘获客户的"芳心"。

（1）记住客户说过的话。不管说话的内容与销售员的业务有无关系，把那些话变成与客户之间共同的话题。先和客户做朋友，自然而然对方就会成为交易的对象了。

（2）在谈话中，记下客户的重要行程，并且提醒他。如果客户下周要去出差，提前一天祝他一路顺风。销售员的细心关怀会给客户留下深刻的印象，客户也会为之感动。

（3）生日时送上祝福。在客户或其家人生日那天，销售员可以送上祝福，超越客户与销售员之间的关系，积极成为客户的好朋友。

（4）留意客户的爱好。比如，他们喜欢什么运动，喜欢喝什么饮料，在适当的时候让客户知道自己清楚他们的习惯，让客户知道你真的关心他们。

2. 给出专业的意见

"顾问式"服务要求销售员更加"专业"。他们必须很清楚产品或服务所有的特点与优势。这样销售员就可以结合客户的情况来进行分析，并给出专业建议，让客户觉得"这东西适合自己"等，进而做出购买决策。

值得一提的是，销售员千万不要不懂装懂，胡乱说明，这样的结果只

273

能是影响销售人员在客户心中的形象，把客户推向别处。

3．视自己为客户的资源

真心想做客户的"顾问"，就要懂得付出。精明的销售员会视自己为客户的资源，他们会很热情地融入销售的人际关系当中，而且十分关心他们的产品或服务是否能解决客户未来的问题。

销售精英小贴士

多一点用心就可以多一些收获，做好"顾问式"客户服务，让客户为销售员的真心而感动。把销售的目标放得更长远，销售员可以和客户在未来的路上再次相伴。

转化谈判结果，为下次合作打下基础

销售箴言

聪明的销售员会转化谈判结果，争取与客户的下次合作。

精明的销售员不会在谈判结束后对客户置之不理，而是会想办法把客户转化为介绍人或者下一次成交的对象。既然销售员和客户已经有了一次成功交易的经验，那么根据彼此的了解和信任，下一次再合作双方都轻松多了。一个优质的"老客户"绝对是销售员最该珍惜的财富，所以销售员一定要多发展"老客户"。

情境再现

案例一

许晴在一家打印机制造厂做销售员。最近，许晴成交了一个大单。一家文化公司的赵老板对她的产品十分满意，经过一番努力，双方签下了多台打印机的合约。

过了一段时间，许晴听说赵老板的公司要扩大规模，于是想借回访的机会看看能不能和赵老板再次合作。于是她拿起电话。

许晴："赵老板您好，您上次买了我们厂子的打印机，我给您做个回访，您还记得我吗？我们的打印机您使用得还方便吗？"

客户："是你呀！挺好的，很好用。"

许晴："感谢您的赞美，希望我们的打印机能为您的公司做出贡献，期待下次再与您合作。"

客户："哈哈，不用下次了，最近公司要扩大规模，我正准备再订购几台呢！"

许晴："是吗？那太好了！您明天还是后天有时间？我可以去拜访您！"

客户："明天就有。"

之后，赵老板又从许晴所在的厂子购买了几台打印机。

案例二

刘明明在一家汽车销售公司做销售好几年了，他有很多的客户都是老客户介绍过来的，因此，他特别珍惜这些老客户，过几个月就会做个回访。

刘明明："您好，尹先生，好久不联系了。"

客户："是我，你是哪位？"

刘明明:"您不记得我了吗？您的那辆宝马车就是在我这里买的，我是小刘您还记得吗？"

客户:"噢，记得记得，给我打电话是有什么事吗？"

刘明明:"是这样的，我想打电话向您询问一下，您购买的那辆车开得怎么样？买了之后是不是满意？"

客户:"噢，这个……挺满意的，就是车里的音响有点小问题，其他方面都还行。"

刘明明:"嗯，好的，谢谢您的宝贵意见，这对我们日后的改进工作非常有帮助。另外，我们会尽快派维修人员上门为您解决这个问题的。到时候跟您联系！"

客户:"啊，谢谢！"

免费帮助客户把音响修好后，客户有什么问题也会给刘明明打电话，后来，还为刘明明介绍了不少客户。

情境分析

案例一中，销售员许晴在成单之后还关注着客户的动态，及时了解到客户公司要扩大规模，于是借着回访电话又和客户进行了合作。案例二中，汽车销售员刘明明主动给客户打电话，询问汽车的使用情况，向客户征询反馈意见，这对他的销售工作和其所在公司的盈利都有益处。这也是一种转化谈判结果的方法。

销售心经

销售员常常会为了客源而发愁。因此好不容易多了一个客户，都想与客户保持长期的合作关系，谁也不想做一锤子买卖。但是，想与客户保持长期的合作关系，可不是那么容易的，如果引起客户的反感就得不偿失了。那么，想要转化谈判结果，下次再合作，应该怎么做呢？

1．及时了解客户的最新需求

想要和客户再次合作，及时了解客户的最新需求是最重要的。因此，在和客户进行下一次合作之前，销售员要和客户保持联系，联系的同时摸清客户是否还有其他需求。

（1）询问客户。要想了解客户的需求，最直接的一个办法便是对客户进行询问。

如果客户对销售员前期的销售非常满意，就可以态度诚恳地向客户询问。

如果客户性格多疑，那就不要直接询问。销售员可以使用旁敲侧击的方式询问，这样可能会更有效。

（2）道别时让客户记得多提宝贵意见。比如销售员可以说："希望您在以后使用该产品的过程中发现了什么问题或者有什么意见能够多和我们进行沟通……"

（3）通过资料和客户身边的人进行接触。拓宽信息渠道，才能及时地把握客户的需要。例如，销售员可以根据掌握的一些资料进行整理、分析，推断客户需求；销售员也可以通过客户身边的人，比如秘书、助理等进行了解；销售员还可以进行实际考察确定客户需求……

2．向客户表示希望再次合作的愿望

销售员及时掌握了客户的最新需求后，就可以进行新一轮的销售了。向客户表示希望再次合作的愿望，将其发展成为"回头客"，这样才能充分利用客户资源。当然，在新一轮的销售中，销售员在和客户进行交易时要紧紧围绕客户的需求，要让客户觉得销售员是在为其服务，而不只是在自己身上赚钱，这样才能顺利实现再次合作。

销售精英小贴士

　　转化谈判结果的时候要注意，为了避免让客户认为销售员不是在真正关心自己而是在关心自己的钱，销售员在给客户打电话的时候不要总是直接邀请客户再次购买产品，而是要多向客户征询反馈信息，多关心客户的体验。